LES
205 MARTYRS DU JAPON

BÉATIFIÉS PAR PIE IX EN 1867

NOTICE

PAR LE PÈRE BOERO, DE LA COMPAGNIE DE JÉSUS

Traduite de l'italien

PAR LE PÈRE AUBERT, DE LA MÊME COMPAGNIE

PARIS
JOSEPH ALBANEL, LIBRAIRE
15, RUE DE TOURNON, 15

1868

LES

205 MARTYRS DU JAPON

IMPRIMERIE L. TOINON ET C°, A SAINT-GERMAIN

LES

205 MARTYRS DU JAPON

BÉATIFIÉS PAR PIE IX EN 1867

NOTICE

PAR LE PÈRE BOERO, DE LA COMPAGNIE DE JÉSUS

Traduite de l'italien

PAR LE PÈRE AUBERT, DE LA MÊME COMPAGNIE

PARIS
JOSEPH ALBANEL, LIBRAIRE
15, RUE DE TOURNON, 15

1868
Droit de reproduction réservé

ERRATA

PAGE	LIGNE			
3	15	Neveu..........	*lisez* :	petit-fils.
13	24	Fuscimi.........	—	Fuximi.
17	23	Tous	*supprimez ce mot.*	
23	13	Gioscinda........	*lisez :*	Gioxinda.
24	4	Du Xongun......	—	de l'empereur Xongun.
41	4	Nacanisci........	—	Nacanixi.
41	4	Amanguki........	—	Amanguchi.
41	7	Takescita........	—	Takexita.
48	25	Le corps d'eau...	—	d'eau l'intérieur du corps.
49	3	Ils renoncèrent...	*supprimez cette phrase.*	
49	5	Torture horrible..	*ajoutez* :	qu'ils renouvelèrent plusieurs fois, et
56	15	Sucheiemon.....	*lisez :*	Sukeiemon.
63	10	Iscida..........	—	Ixida.
71	7	Suchendaiu......	—	Sukendaiu.
72	10	Nangasci........	—	Nangaxi.
72	23	Acafosci........	—	Acafoxi.

AVANT-PROPOS DU TRADUCTEUR

Le 7 juillet 1867, Sa Sainteté Pie IX nous a donné 205 nouveaux protecteurs au ciel, et le Bref de la Béatification de ces martyrs japonais a été promulgué selon les usages solennels de l'Eglise. Aussitôt après la lecture des lettres apostoliques dans la basilique de Saint-Pierre, le canon du fort Saint-Ange retentit, les cloches de Saint-Pierre sonnèrent à pleine volée, le voile qui couvrait le tableau des Bienheureux dans la gloire tomba, leurs reliques furent découvertes sur l'autel et toute l'assistance se prosterna pour invoquer leur intercession auprès de Dieu en faveur de l'Église universelle et particulièrement de l'empire du Japon.

Ces fêtes vont se reproduire dans plusieurs églises de la chrétienté, et entre autres dans celles des religieux de Saint-Dominique, de Saint-François, de Saint-Augustin et de la Compagnie de Jésus, qui comptent parmi leurs membres un grand nombre de ces Bienheureux [1]. Elles ont déjà été célébrées au mois de septembre par les évêques de Saint-Claude et de Belley, avec une pompe et une affluence extraordinaires dans la paroisse de Digna, du diocèse de Saint-Claude. Cette église est le siége d'une association de prières pour la conversion du Japon, et elle possède des reliques de plusieurs de ses martyrs.

La publication de l'ouvrage du Père Boero est donc des plus opportunes, car, en nous faisant connaître les vertus et la mort héroïque de ces saintes victimes de la foi, il nous inspirera une grande confiance en leur pou-

---

[1]. Parmi les 205 Martyrs, 21 sont Dominicains, 18 Franciscains, 5 Augustins et 33 de la Compagnie de Jésus.

voir auprès de Dieu et nous préparera par là même à retirer de leur culte les grâces nombreuses que la bonté divine y attache.

D'ailleurs nous voyons l'Église de France prendre plus à cœur les intérêts religieux du Japon, à mesure qu'il renverse les barrières qui nous séparent et qu'il multiplie ses relations avec nous. Voilà plusieurs années qu'il a été possible à quelques missionnaires français de la Société des missions étrangères de mettre le pied en plusieurs endroits de ce vaste empire fermé aux nations catholiques depuis deux siècles et demi ; et partout ils ont eu la joie de découvrir des racines nombreuses et vivantes de notre sainte foi. Quand la liberté de la conscience aura été rendue aux peuples du Japon, avec quelle rapidité ne verra-t-on pas cette admirable Église reprendre sa prospérité première?

L'Église du Japon a été fondée en 1549 par saint François-Xavier. Ses prédications confirmées par d'éclatants miracles ouvrirent ce vaste champ au zèle de ses confrères, les religieux de la Compagnie de Jésus. Les Jésuites le cultivèrent pendant près de cent ans avec des fatigues inouïes, et aussi longtemps qu'il leur fut possible de pénétrer sur cette terre du martyre. Les empereurs japonais se montrèrent d'abord favorables au christianisme, plusieurs des rois qui gouvernaient les diverses parties de cet empire reçurent ou demandèrent le baptême, des royaumes presque entiers devinrent chrétiens. Dès 1560, les églises s'élevaient en grand nombre et, avec elles, des écoles, des hôpitaux, des imprimeries, des séminaires qui fournirent quelques années plus tard des prêtres indigènes. Les Pères établirent un asile pour les enfants abandonnés ou achetés aux parents païens qui voulaient s'en défaire. Ce fut le premier établissement de l'œuvre de la Sainte-Enfance, aujourd'hui si répandue parmi nous.

La prédication évangélique ne s'accomplissait pas toutefois sans rencontrer de violentes oppositions ; elles venaient surtout des prêtres des idoles qui, puissants et répandus dans toutes les provinces, parvenaient à soulever des populations ou leurs princes contre les chrétiens. Nous voyons même, en 1588, Taïcosama renverser, à leur instigation, plus de 70 églises et prononcer un édit de bannissement contre plus de cent Jésuites à la fois ; mais il se laissa fléchir et consentit à tolérer la religion chrétienne à la condition qu'on n'en rendît pas le culte public. Sa propagation devint plus rapide que jamais. Ce fut à cette époque, en 1593, que les Pères Franciscains, désireux de partager les travaux et les périls de cette mission, y abordèrent. Ils furent suivis, quelques années plus tard, par les Pères Dominicains et les Pères Augustins. L'on pouvait encore dire néanmoins : *Que la mission est grande et que le nombre des ouvriers est petit !* Dans l'année 1597, une nouvelle persécution de Taïcosama fit couler le sang des fidèles ; elle fut courte, et les progrès de la foi n'en furent pas sensiblement ralentis, puisqu'on compta, pour la seule année 1599, soixante-dix mille néophytes de plus. Mais plusieurs années après se ralluma une guerre nouvelle contre le culte chrétien qui ne finit que par sa destruction. Les Hollandais et les Anglais étaient alors reçus à la cour de l'empereur ; poussés par leurs intérêts de marchands et par leur haine de sectaires, ils voulurent exclure du Japon les Portugais, les Espagnols et leurs missionnaires. A l'aide d'intrigues et de calomnies habilement conçues et soutenues avec persévérance, ils parvinrent à persuader à Daïfusama, usurpateur du trône, que les Portugais et les Espagnols avaient assuré le succès de leurs armes dans les Indes au moyen du catholicisme et des missionnaires, et qu'ils ne visaient qu'à s'emparer de ses États. Le zèle imprudent de quelques nouveaux missionnaires confirma Daïfusama dans ces funestes idées, et il résolut, en 1612, de détruire la foi chrétienne par toute espèce de moyens. Les récits de ce livre les font connaître et nous n'en parlerons pas ici.

La persécution prit des proportions effrayantes, en 1613, et, chose admirable, elle multiplia le nombre des néophytes, la crainte de la mort ne pouvait encore les arrêter. En 1614, Daïfusama fit déporter à Macao et aux Philippines cent dix-sept Jésuites et vingt-sept missionnaires des ordres de Saint-Augustin, de Saint-François et de Saint-Dominique. Xongun Ier qui succéda le 1er juin 1616 à son père et son fils Xongun II qui monta sur le trône en 1622 persécutèrent la religion plus cruellement encore.

L'exil, la prison, la mort, les privations de toutes sortes avaient déjà réduit, en 1623, les missionnaires au nombre de 28 Jésuites et de quelques religieux des autres ordres, dont l'existence n'était plus qu'une longue agonie. Il était dès lors impossible de pénétrer dans l'intérieur du Japon ; les quelques missionnaires résolus qui le tentèrent furent arrêtés dès les premiers pas et mis à mort dans d'affreux supplices. Les trafiquants hollandais et anglais n'obtenaient eux-mêmes de descendre à terre dans les ports désignés au commerce qu'en y foulant la croix aux pieds et en ne traitant qu'avec les marchands désignés par l'autorité. Quant aux Japonais, ils étaient obligés, sous peine de mort, de porter l'image d'une idole suspendue sur la poitrine [1]. Une barrière impénétrable fut ainsi élevée entre les peuples catholiques et ces vastes contrées. Aujourd'hui, grâces à Dieu, elle commence à tomber. Coujurons la divine Providence de hâter l'heure de ses miséricordes. Adressons-nous aux glorieux et puissants martyrs du Japon pour obtenir cette grâce, et que la lecture de ce livre nous y excite d'une manière efficace.

3 décembre, fête de saint François Xavier, 1867.

1. Voyez *Histoire du Japon*, par le Père de Charlevoix. *Histoire de la Compagnie de Jésus*, par J. Crétineau-Joly, *passim*.

LES
205 MARTYRS JAPONAIS

RELATION DE LA GLORIEUSE MORT

DES

MARTYRS BÉATIFIÉS PAR PIE IX

LE 7 JUILLET 1867 [1]

I

PERSÉCUTIONS CONTRE LA RELIGION CHRÉTIENNE AU JAPON
ATROCITÉ DES TOURMENTS
ET GRAND NOMBRE DES MARTYRS

L'Église du Japon, quoique de fondation récente, a été une des plus illustres par les exemples qu'elle nous a donnés d'une constance inébranlable dans la foi. L'apôtre saint François-Xavier porta, le premier, en 1549, la lumière de l'Évangile dans cet empire si reculé; pendant vingt-sept mois il en parcourut les villes principales, pénétra jusque dans Méaco, sa capitale, et à travers mille dangers, avec des fatigues

1. *Relazione della gloriosa morte di ducento e cinque beati martiri nel Giappone,* compilata dal P. Giuseppe Boero della Compagnia di Gesù. Roma, coi tipi della Civiltà cattolica, 1867.

inouïes, parvint à convertir à la religion chrétienne un grand nombre de prosélytes dont il confia le soin au zèle de ses successeurs. Le christianisme prit un tel accroissement sous le règne de Nobunaṅga et dans les cinq premières années de celui de Taicosama, qu'on compta plus de deux cent mille fidèles, répandus dans les divers royaumes de ces îles. Mais en 1596, Taicosama ouvrit l'ère des persécutions. Ce fut cette première persécution générale qui donna la palme aux vingt-six martyrs qui moururent sur la croix à Nangasaki, le 5 février de l'année 1597. Leur mort fut suivie de quelque repos, et l'on put même, d'après les relations des missionnaires de la Compagnie de Jésus, convertir et baptiser jusqu'à deux cent quatre mille infidèles dans les huit années suivantes.

Après la mort de Taicosama, Daifusama, le tuteur de Findeiori, légitime héritier de la couronne, s'empara du pouvoir et soumit par la terreur de ses armes, tous les princes du Japon. Cet empereur ne se montra pas d'abord l'ennemi des chrétiens, il paraissait même leur être favorable ; mais lorsqu'il se vit solidement assis sur son trône, il se déclara ouvertement leur persécuteur. Dans l'année 1614, après avoir chassé de sa cour et dépouillé de leurs biens les princes et seigneurs chrétiens, il publia un édit dans tout le Japon, par lequel on devait immédiatement raser les églises, les maisons religieuses, les hôpitaux et autres lieux semblables; on devait brûler les croix, les images et les livres qui traitaient de religion. Les ministres de l'Évangile devaient évacuer le pays dans un terme donné; tous ceux qui professaient la loi du Christ devaient l'abandonner et retourner au culte des dieux du pays. Celui qu'on trouverait opiniâtre ou contumace serait condamné irrémissiblement à perdre ses biens et la vie, sa maison serait renversée et sa famille détruite. La même peine s'étendait à quiconque donnerait asile aux prêtres et aux chrétiens, et même à ceux qui auraient connaissance du fait et ne le dénonceraient pas. Xongun, son fils, et Toxongun, son neveu, qui lui succédèrent l'un après l'autre, confirmèrent ces lois et en ajoutèrent de plus cruelles encore.

Cette persécution dura pendant plus de trente années et finit par ruiner presque entièrement cette florissante chrétienté. A mesure que les tyrans inventaient des supplices plus barbares, les fidèles montraient un plus grand courage à les supporter. Ce fut chose commune que d'écraser le martyr à coups de massue, que de lui percer les chairs avec des fers rougis au feu, que de le suspendre à une croix, que de lui fendre la tête de côté. Les bourreaux y ajoutèrent des raffinements incroyables de barbarie: on arrachait avec des tenailles la peau, les membres, les muscles et les nerfs du patient; on coupait les chairs, petit morceau par petit morceau, avec des couteaux mal aiguisés; on plongeait les uns nus dans l'eau glacée, jusqu'à ce qu'ils eussent perdu leur chaleur vitale; on faisait brûler les autres pendant deux ou trois heures à un feu lent; on les tenait suspendus par les pieds à demi plongés dans une fosse infecte, la tête en bas, pendant plusieurs jours; on les plongeait peu à peu dans des eaux bouillantes et sulfureuses qui pourrissaient leurs chairs et les remplissaient de vers, comme s'ils eussent été des cadavres.

Malgré ces horribles tourments, les chrétiens offrirent le merveilleux spectacle d'un courage au-dessus de toute épreuve. On les vit se préparer au martyre en s'estimant heureux de sacrifier leur vie pour la loi de Jésus-Christ. Ce n'était pas seulement les conditions inférieures, les classes robustes, qui donnaient ces exemples d'intrépidité, on les retrouvait dans des hommes nobles, appartenant à des familles royales, élevés au milieu des commodités et des délices de la vie, dans des femmes âgées, dans de jeunes filles délicates et jusque dans des enfants. Ceux qui marchèrent en tête dans cette noble carrière furent les ministres de Dieu, les prédicateurs de l'Évangile, qui n'étaient venus d'Italie, d'Espagne, du Portugal et du Mexique que pour gagner des âmes à Jésus-Christ, et se procurer après des fatigues infinies un si douloureux martyre. Ils appartenaient aux ordres religieux de Saint-Dominique, de Saint-François, de Saint-Augustin et de la Compagnie de Jésus ; et nombre d'entre eux étaient des hommes singulièrement recommandables par la noblesse de leur sang ou l'éminence de leur savoir, et surtout par l'héroïsme de leurs vertus et les pénibles travaux de leur apostolat. Tous d'ailleurs, religieux et laïques, japonais et étrangers, chrétiens de date plus ou moins récente, loin de s'effrayer à la vue des tourments, couraient au contraire comme à leur rencontre. On les vit se faire inscrire avec empressement au nombre des condamnés, et alors, sûrs de mourir pour Jésus-Christ, se revêtir de leurs habits de fête, paraître avec joie et intrépidité en face de leurs juges, leur répondre avec hardiesse, remercier leurs bourreaux, prêcher du haut de leur croix et chanter au milieu des flammes. On vit des mères elles-mêmes offrir leurs enfants à la mort et demander pour elles de plus grands supplices. Ces admirables merveilles ont été des miracles évidents de la grâce divine, semblables à ceux que Dieu a opérés dans les martyrs de la primitive Église en confirmation de notre foi. Aussi les écrivains de l'histoire ecclésiastique et les apologistes de la religion n'hésitèrent pas à donner en preuve de la divinité du catholicisme la constance des martyrs japonais.

La persécution fit plusieurs milliers de martyrs de l'un et l'autre sexe. Il n'a pas été possible de recueillir sur tous des informations juridiques. Les procès-verbaux ayant dû se faire hors du Japon, à Manille dans les Philippines, à Macao dans la Chine et à Madrid en Espagne, on ne put recevoir que les dépositions des Japonais exilés et des marchands portugais et espagnols. Or, ils n'avaient pas pu être témoins oculaires, ou du moins instruits de science certaine de la mort de toutes ces héroïques victimes de la foi. Ces dépositions néanmoins comprennent deux cents martyres et plus, et c'est une providence particulière de Dieu qu'on soit parvenu à réunir, au dehors du Japon, plus de quatre-vingts témoignages fournis soit par des témoins oculaires, soit par des témoins auriculaires qui s'étaient procuré le récit exact de ces morts glorieuses pendant qu'ils habitaient le Japon. C'est des témoignages renfermés dans les procès-verbaux, des rapports authentiques envoyés en Europe dès ces temps-là par les évêques du Japon ou les administrateurs de cet évêché, des histoires contemporaines, et spécialement du père Daniel Bartoli que nous extrairons tantôt mot à mot, tantôt en abrégé, les relations détachées des martyres que nous nous bornons à publier pour l'édification des fidèles. Il serait facile de s'étendre sur la vie, les vertus, les fatigues d'un grand nombre de ces bienheureux martyrs, surtout de ceux qui furent prêtres, mais nous voulons être courts, et si l'on désirait en savoir davantage, on sera pleinement satisfait en recourant aux volumineuses histoires qu'en ont écrites Daniel Bartoli, Jean Crasset, Melchior Manzano, Tiburce Navarro, François Macedo, Jacques Aduarte et d'autres auteurs.

Nous vivons dans des temps bien calamiteux pour l'Église de Jésus-Christ. La persécution suscitée par ses ennemis n'est-elle pas, sous plus d'un rapport, comparable à celle des Daifusama et autres empereurs du Japon? Ne voyons-nous pas les impies combattre de toutes manières l'Église catholique et sa foi? Mais n'en doutons pas, la force de l'exemple et la protection efficace de nos martyrs serviront à un grand nombre de chrétiens, pour se tenir en garde contre leurs embûches et rester fidèles à la pratique de cette religion qui seule nous conduit au salut éternel.

II

MARTYRE DU BIENHEUREUX PIERRE DE L'ASSOMPTION
PRÊTRE DE L'ORDRE DES FRÈRES MINEURS
ET DU BIENHEUREUX JEAN-BAPTISTE MACHADO DE TAVORA
PRÊTRE DE LA COMPAGNIE DE JÉSUS
1617, 22 MAI

Le martyre de ces deux bienheureux Pères arriva le 22 mai 1617. Ils étaient à Nangasaki, lorsque, pour échapper à D. Michel, prince apostat d'Omura, qui faisait rechercher partout les ministres de l'Évangile pour les mettre à mort, ils sortirent de la ville. Le premier alla se cacher dans les campagnes voisines et l'autre se rendit aux îles de Goto confiées depuis quelque temps à son ministère. Le Père Pierre à peine arrivé à Kikitzu, village de l'Isafai, tomba entre les mains d'un espion qui faisait semblant de rechercher un prêtre pour assister un apostat repentant. Le bon Père n'ayant aucun soupçon se fit connaître; des gardes qui se trouvaient aux aguets, l'arrêtèrent, le conduisirent à Omura et de là dans une des prisons de Cori.

Le Père Jean-Baptiste, après avoir échappé à un naufrage, atteignit le 21 avril une des îles de Goto. Le jour suivant, il s'était mis, après avoir offert le divin sacrifice, à entendre les confessions, quand un chrétien de sa connaissance, trompé par des traîtres dont il ne se défiait pas, vint lui demander s'il devait le découvrir à ces hommes qui cherchaient, disaient-ils, un prêtre pour réconcilier un chrétien à l'extrémité. A quoi le saint religieux répondit en offrant intérieurement à Dieu le sacrifice de sa vie : « Oui, dites qui je suis ; c'est peut-être une trahison; mais n'importe, et donnons notre vie plutôt que de manquer à nos devoirs. » Au même moment un de ces misérables entra dans la maison, envisagea attentivement le missionnaire et courut le dénoncer au gouverneur. Celui-ci, bientôt après, le surprit au moment où il absolvait un pénitent, et il l'arrêta comme prisonnier du prince d'Omura pour être resté au Japon contre les ordres de l'empereur afin d'y prêcher la loi chrétienne. Les satellites se saisirent de sa personne et de son catéchiste Léon Tanaca, les mirent sur une petite barque, se dirigèrent sur Cori où ils abordèrent après trois jours de navigation, et conduisirent leurs captifs à la prison qui renfermait déjà le Père Pierre de l'Assomption. Ils y entrèrent de nuit, avec grand fracas de soldats et d'armes. Le Père Pierre, croyant qu'on allait le conduire au supplice se mit à genoux pour offrir à Dieu le sacrifice de sa vie, mais lorsqu'il vit entrer le Père Jean-Baptiste, son ami, il se leva; les deux confesseurs de la foi s'embrassèrent tendrement et voulurent par respect se baiser mutuellement les pieds. La vie que menèrent ces deux saints religieux du 29 avril au 22 mai, jour où ils reçurent la couronne du martyre, ne fut qu'une préparation continuelle à la mort : leur pénitence était rigoureuse, leurs prières longues, et leurs entretiens de Dieu et du martyre. Ils célébrèrent le saint sacrifice dans la prison, de la fête de la Pentecôte jusqu'au lundi après la Trinité où Dieu leur fit connaître séparément qu'ils l'offraient pour la dernière fois; et, en effet, peu d'heures après, deux juges, l'un de Nangasaki et l'autre d'Omura, vinrent leur annoncer qu'ils seraient exécutés à l'entrée de la nuit. Cette heureuse nouvelle remplit les Pères de joie. « C'est la grâce, dit le Père Pierre, que j'ai demandée à Dieu à la sainte messe dans ces neuf derniers jours. Et moi, ajouta le Père Jean-Baptiste, j'ai dans ma vie trois jours qui me sont singulièrement chers : le premier est celui de mon entrée dans la Compagnie de Jésus; le second est le jour où j'ai été pris à Goto, et le troisième est celui-ci où je suis condamné à mort. » Le reste du jour fut consacré aux exercices de la prière et de la charité; ils adressèrent de pressantes exhortations aux chrétiens qui, instruits de leur sentence de mort, vinrent les visiter et écrivirent quelques lettres pleines de ferveur. Ils se confessèrent l'un à l'autre, prirent chacun de leur côté la discipline, chantèrent ensemble des psaumes et des prières. La nuit venue, les ministres de la justice donnèrent ordre de préparer un repas pour les condamnés qui le refusèrent. Nos deux martyrs se confessèrent de nouveau, récitèrent les litanies et s'avancèrent, au milieu des gardes, vers le lieu du supplice, situé à un mille et demi de la prison. Ils tenaient leur crucifix à la main et exhortaient les chrétiens qui se pressaient en foule sur leurs pas à demeurer fermes dans la confession de la foi. Ils prièrent quelque temps en silence au lieu de leur supplice, se donnèrent le baiser de paix, prirent congé des chrétiens à haute voix, s'écartèrent un peu, se placèrent à genoux vis-à-vis l'un de l'autre et, les mains et les yeux levés au ciel, attendirent le coup mortel avec intrépidité. La tête du Père Pierre fut détachée au premier coup, il en fallut trois pour achever le Père Jean-Baptiste. Au premier coup il tomba par terre, mais il se remit tranquillement à genoux en répétant deux fois le saint nom de Jésus. L'exécution achevée, les chrétiens tout en larmes se jetèrent sans aucune considération humaine sur les corps des martyrs ; on les baisait, on détachait des fragments de leurs habits, de leurs cheveux, on recueillait les pierres, la terre, les herbes teintes de leur sang. Le bon Léon Tanaca, catéchiste du P. Jean-Baptiste, ne le quitta pas un seul instant jusqu'à sa mort ; il s'approcha de suite après, avec un morceau d'étoffe, pour essuyer autant que possible, le sang qui coulait en abondance. Il se désolait de n'être pas mort avec son Père bien-aimé. Mais Dieu ne faisait que lui différer cette grâce de quelques jours, comme nous le verrons. Les corps furent mis dans deux cercueils, et ensevelis dans le même lieu le lendemain matin. On y laissa des gardes, dans la crainte que les chrétiens ne vinssent enlever les corps.

Le Bienheureux Pierre de l'Assomption était né en Espagne, à Cuerva, petite ville de l'archevêché de Tolède. Il entra chez les Franciscains déchaussés dans la province de Saint-Joseph. Ses rapides progrès dans la perfection religieuse lui firent bientôt confier, comme il était déjà prêtre, la charge importante de maître des novices. Le Père Jean, surnommé le Pauvre, parcourait alors l'Espagne, cherchant des missionnaires pour les contrées éloignées de l'Asie. Le Père Pierre de l'Assomption, désireux de gagner des âmes à Jésus-Christ, répondit à son appel, et il partit d'Espagne pour Manille dans les Philippines, en 1600, avec cinquante religieux du même Ordre.

De là il s'embarqua, en 1601, pour le Japon, où il fut supérieur du couvent de Nangasaki. C'était un homme vraiment apostolique, élevé à un haut degré d'oraison et de grande mortification. Souvent il négligeait de prendre ses repas pour ne pas interrompre les travaux de son ministère. Lorsque l'édit d'exil des religieux eut été publié en 1614, il n'en continua pas moins, sous l'habit séculier, à travailler au salut des chrétiens persécutés, courant sans cesse le risque de mourir pour la foi. C'était là, du reste, tout son désir.

Le Père Jean-Baptiste Machado, nommé aussi de Tavora, issu d'une famille riche et illustre, naquit à Tercère, une des îles Açores dans le voisinage du Portugal. En 1597, n'ayant pas encore atteint sa dix-septième année, il entra dans la Compagnie de Jésus, à Coïmbre. Et comme la vocation religieuse lui était venue par la lecture des lettres du Japon ; il fit de suite de vives instances pour qu'on l'envoyât prêcher la foi dans ce pays. Ses études de philosophie achevées à Goa et celles de théologie à Macao, il partit pour le Japon où il débarqua en 1609. Le champ de ses travaux fut d'abord les cours de Méaco et de Fuscimi, puis les royaumes de Cicongo et de Bugen. Il y convertit un grand nombre d'idolâtres, autant par l'exemple de ses vertus que par la ferveur de son zèle. Quand Daifusama eut banni les Pères du Japon dans sa dernière persécution, le Père Jean fut un de ceux qu'on désigna pour quitter le pays ; mais il fit violence au ciel par ses larmes et ses prières ; les supérieurs changèrent d'avis, lui permirent de rester au Japon, et lui donnèrent le soin des îles de Goto. Il fut enfin arrêté, ce qui lui valut la palme du martyre. Le Père J.-B. Machado mourut âgé de trente-sept ans dont il passa les vingt derniers dans la Compagnie de Jésus. On rapporte de lui des prédictions et autres grâces surnaturelles [1].

III

LE BIENHEUREUX ALPHONSE NAVARETTE, PRÊTRE
DE L'ORDRE DES FRÈRES PRÊCHEURS
LE BIENHEUREUX FERDINAND DE SAINT-JOSEPH, PRÊTRE
DES ERMITES DE SAINT-AUGUSTIN
LE BIENHEUREUX LÉON TANACA, CATÉCHISTE
DES PÈRES DE LA COMPAGNIE DE JÉSUS
1617, 1ᵉʳ JUIN

La mort glorieuse des deux confesseurs dont nous venons de parler alluma un ardent désir du mar-

1. Bartoli, *Istoria del Giappone*, lib. IV, n. 3 et 4. — *Lettere annue del Giappone*, an. 1617.

tyre dans le cœur de deux autres missionnaires, le Père Alphonse Navarrete de Saint-Dominique, vicaire provincial de son Ordre, et le Père Ferdinand de Saint-Joseph, religieux augustin. Le premier, instruit de l'impression profonde que causait dans les fidèles d'Omura la mort des deux martyrs, crut qu'il en résulterait un grand bien s'il se mettait publiquement en campagne et travaillait au risque de sa vie à confirmer les chrétiens dans la foi et à exciter à la pénitence ceux qui étaient tombés. Il communiqua son projet au Père Ferdinand de Saint-Joseph, et lui demanda d'être son compagnon dans cette belle œuvre. Celui-ci qui était resté seul de son Ordre au Japon, s'abandonna entièrement à la direction du père Navarrete. Pour mieux connaître encore la volonté de Dieu, le Père provincial se mit de nouveau en prière, pendant laquelle on dit l'avoir vu en extase et soulevé de terre. Sa prière achevée, il ordonna au Père Ferdinand de le suivre, et tous deux, ne doutant pas de l'inspiration divine, firent de suite part de leur détermination à leurs amis dans des lettres remplies de piété et de zèle.

Ils quittèrent Nangasaki pour se rendre à Omura et s'arrêtèrent le soir dans la maison d'un bon chrétien, où ils s'abouchèrent avec le Père François de Morales, dominicain. On vint les trouver en foule des environs et même de Nangasaki; ils répondirent à cet empressement et consacrèrent de longues heures à entendre les confessions, à prêcher et à baptiser. Leur premier soin, une fois arrivés sur le territoire d'Omura, fut de visiter le sépulcre des deux premiers martys, et de reprendre leur habit religieux. Ils s'arrêtèrent quatre jours à Nangoia, à cause de la multitude des fidèles qui accouraient pour recevoir les sacrements.

Le bruit en parvint à Omura. Le gouverneur expédia aussitôt sur trois barques des commissaires et des soldats pour s'emparer des Pères. Ils arrivèrent à Nangoia vers les sept heures du soir, et y arrêtèrent les deux Pères, en les traitant d'ailleurs avec beaucoup de respect. Le Bienheureux Alphonse remit à un des commissaires une lettre pour le prince d'Omura, où il lui reprochait son apostasie, et la mort des Pères Jean-Baptiste Machado et Pierre de l'Assomption.

Les serviteurs de Dieu auraient voulu célébrer la messe le lendemain, qu'ils regardaient comme leur dernier jour. Mais on le leur refusa et on les conduisit au rivage, où ils devaient s'embarquer pour Omura. Les fidèles les accompagnaient en fondant en larmes; un grand nombre, malgré les gardes, s'approchaient d'eux, leur baisaient les

mains, demandaient leur bénédiction, coupaient
quelque morceau de leur vêtement. On s'arrêta à une
petite île placée sous la forteresse d'Omura; mais un
bon nombre de chrétiens, qui se tenaient aux aguets,
y furent aussitôt réunis, et parmi eux l'aïeule et la
tante du prince qui voulurent se confesser au Père
Alphonse, et garder en souvenir une image de Notre-
Dame qu'il portait au cou. Comme l'affluence croissait à chaque instant, les exécuteurs se décidèrent à
décapiter leurs victimes sur une plage déserte. On les
fit entrer dans une barque avec le bon Léon Tanaca
qui, retenu en prison après la mort du Père Machado,
dont il était catéchiste, fut condamné à mourir avec
eux, et on les conduisit tous trois quelques milles
plus loin. Pendant le trajet, nos trois confesseurs
laissaient éclater la joie qui remplissait leurs cœurs,
et ils s'avancèrent avec intrépidité vers le lieu du
supplice; les Pères Alphonse et Ferdinand portaient la
croix d'une main et de l'autre le rosaire et un cierge
allumé. Le Père Ferdinand voulut baiser le sabre
qui allait le décapiter; et comme il parlait très-faci-
lement la langue japonaise, il rendit compte aux assistants des sentiments qui les animaient tous, et il
exhorta les fidèles qui s'étaient mêlés aux matelots
à rester fermes dans la foi. Les trois martyrs se mirent ensuite à genoux à quelque distance l'un de

l'autre et furent successivement décapités. Cette glorieuse mort arriva le 1ᵉʳ juin 1617.

Pour détourner les chrétiens de visiter le sépulcre des deux premiers martyrs, le prince d'Omura avait fait transporter les cercueils sur le bateau de nos trois martyrs. Après l'exécution on les ouvrit tous deux ; le corps du Père Navarrete fut placé dans le cercueil du Père Machado, et le corps du Père Ferdinand de Saint-Joseph dans celui du Père Pierre de l'Assomption ; puis on les referma, on y attacha de lourdes pierres, on les jeta en mer à deux cent cinquante palmes de profondeur ; on enveloppa ensuite dans une natte, avec des pierres, le corps de Léon Tanaca, et on le jeta dans la mer au même endroit. Pour empêcher les chrétiens de venir les y chercher, les exécuteurs firent serment de ne jamais révéler ce lieu à qui que ce fût. Néanmoins les chrétiens finirent par en être instruits : plus de trois cents barques vinrent de Nangasaki ; on fit pendant trois mois toute espèce de recherches, mais sans fruit. Seulement, six mois après, un des cercueils vint inopinément flotter sur l'eau ; on le porta au rivage, et on y trouva les corps des Pères Pierre et Ferdinand sans aucune altération, leurs vêtements même étaient intacts. Cette fervente chrétienté garda d'aussi précieuses reliques avec le respect et la dévotion qu'elles méritaient.

Disons quelques mots sur chacun de ces martyrs. Le Bienheureux Alphonse de Navarrete naquit d'une famille noble, à Valladolid ou, comme le rapporte le Bienheureux Père Orfanel, à Logrono, petite, ville de Castille. Il prit l'habit de Saint-Dominique au couvent de Saint-Paul, à Valladolid. Quatre ans après, il partit pour les Philippines, où il se consacra pendant plusieurs années à la sanctification des Indiens. Il revint ensuite en Espagne chercher de nouveaux missionnaires. L'année 1611 le vit enfin passer des Philippines au Japon ; cet infatigable ouvrier donna d'abord ses soins, à travers mille dangers, au salut des âmes dans la ville de Méaco, en compagnie du Père Hyacinthe, qui y était vicaire. Puis il se joignit aux Pères Apollinaire Franco, de Saint-François et Ferdinand de Saint-Joseph, augustin. Il fonda dans la ville de Nangasaki, en les dotant, deux confréries chargées du soin des enfants exposés et des pauvres malades; il en établit une troisième sous l'invocation du nom de Jésus, qui avait pour but de nourrir la piété parmi les fidèles. C'était un homme d'un zèle ardent et d'une force d'âme invincible. Un jour qu'il voyait des idolâtres prêts à outrager des femmes chrétiennes et à jeter au feu des croix et autres objets pieux, il ne craignit pas de leur reprocher avec véhémence leur indigne conduite et de se jeter au

— milieu des flammes pour en arracher les choses sacrées, bravant leurs outrages et leurs coups. Il avait environ cinquante et un ans quand il fut décapité en haine de la foi.

Le Bienheureux Ferdinand de Saint-Joseph, de la noble famille des Ayala, naquit, sur la fin d'octobre de 1575, à Ballestero, terre de sa famille, dans l'archevêché de Tolède. Il prit l'habit de Saint-Augustin à l'âge de dix-sept ans, dans le couvent de Montilla, et il y fit profession solennelle le 9 mai 1594. On l'envoya faire ses études à Alcala où il était regardé comme un homme supérieur. Il enseigna d'abord la philosophie; on le pressa ensuite de se charger du cours de théologie, mais il préféra de s'appliquer à la prédication. Il s'embarqua pour le Mexique avec d'autres religieux, en 1603, passa aux Philippines l'année suivante, et de là au Japon, en 1605, avec la charge de vicaire provincial. Avant la première persécution il était déjà un des plus laborieux ouvriers de cette mission, et ses travaux apostoliques s'étendaient à un grand nombre de royaumes. Pendant que la guerre de Daifusama contre Findeiori mettait Ozaca à feu et à sang, le Bienheureux Ferdinand, méprisant tous les dangers, s'introduisit dans la place pour s'employer au salut des chrétiens. Peu s'en fallut qu'il n'y restât consumé par les flammes ou écrasé sous les ruines d'une maison. On raconte qu'ayant été calomnieusement attaqué dans son honneur par un Portugais, le fidèle serviteur de Jésus-Christ se rendit à la maison de son ennemi, y célébra le saint sacrifice de la messe, l'embrassa tendrement en lui pardonnant toutes ses offenses.

Le Bienheureux Léon Tanaca était Japonais et d'une famille chrétienne. Il avait reçu le baptême dans son enfance des mains des Pères de la Compagnie de Jésus, au service de qui il s'était entièrement consacré dans l'emploi de catéchiste.

Pour bien comprendre quel était au Japon l'état de catéchiste, dont nous parlerons souvent, il faut savoir que les missionnaires, pour donner aux Japonais plus d'estime de ce ministère, avaient établi une forme solennelle de consécration pour ceux à qui ils confiaient cet emploi. C'était une cérémonie analogue à la prise d'habit chez les religieux. On choisissait des enfants âgés de dix ans au moins, mais on acceptait aussi des jeunes gens et même des hommes d'un âge mûr, quand, par leur régularité, leur ferveur, leur jugement et leur talent de la parole, ils pouvaient remplir utilement cet emploi. La cérémonie se faisait à l'église, dans une des plus grandes fêtes de l'année. Là, en présence de la chrétienté, un Père missionnaire célébrait la messe;

après l'évangile, un autre Père montait en chaire et faisait sentir toute la grandeur du divin ministère d'instruire les âmes dans la foi. Les nouveaux catéchistes venaient ensuite s'agenouiller au pied de l'autel et on leur coupait la mèche de cheveux que les Japonais portent au sommet de la tête et qui retombe par derrière. Se dépouiller de cette tresse de cheveux est pour eux la marque qu'on n'appartient plus au monde. Ils quittaient ensuite leur maison et leur famille, déposaient leur habit séculier pour révêtir un habit long et peu différent de celui des Pères. Dès lors ils vivaient avec eux dans leur maison et s'employaient à l'instruction des nouveaux chrétiens en accompagnant le missionnaire à qui ils étaient spécialement attachés comme catéchistes. On les mettait ainsi à l'épreuve, on s'assurait de leur conduite, afin de les recevoir ensuite dans l'Ordre en temps opportun. Ceux qui, pour des empêchements insurmontables, ne pouvaient devenir religieux, pouvaient rester jusqu'à leur mort dans l'état de catéchiste.

Telle était donc la fonction du Bienheureux Léon Tahaca. Donné pour catéchiste au Père Jean-Baptiste Machado, il fut son compagnon inséparable dans ses voyages, dans ses dangers et dans sa captivité. Après avoir assisté au martyre du Père Jean-

Baptiste, il fut reconduit en prison où les gardes le lièrent si étroitement que le geôlier lui-même, quoique idolâtre, en était indigné : « Eh quoi donc, leur dit-il, est-ce que vous craignez que cet homme s'enfuie, lui qui s'est volontairement constitué prisonnier, et qui désire la mort autant que vous désirez la vie? » Ces paroles leur firent un peu relâcher les liens du patient. Il pria le bourreau, au lieu du supplice, de le décapiter le dernier, ne se jugeant pas digne de recevoir cet honneur avant les deux ministres de la religion [1].

IV

LES BIENHEUREUX GASPARD FISOGIRO ET ANDRÉ GIOSCINDA, JAPONAIS
DÉCAPITÉS
1617, 1er OCTOBRE

Lorsqu'on arrêta les Pères Alphonse Navarrete et Ferdinand de Saint-Joseph, leurs hôtes Gaspard Fisogiro et André Gioscinda s'offrirent à partager leur sort. L'injuste loi de l'empereur les condamnait aussi

---

[1]. *Relazione dei PP. Orfanel e da Mena.* — Bart., lib. IV, n. 7. — *Lett. ann.*

à la mort, mais les gardes, occupés tout entiers à la capture des Pères, les laissèrent de côté.

Le prince d'Omura se rendit après la mort des Pères à la cour du Xongun et c'est de là qu'il expédia au gouverneur de Nangasaki, Gonrocu, les ordres les plus pressants de faire mourir sans aucun délai les deux hôtes de nos martyrs. On s'empara de leurs personnes et on confisqua leurs biens. Trois Pères Dominicains qui se trouvaient dans la maison de l'un d'eux, lorsque les gardes s'y présentèrent, eurent le temps de se réfugier ailleurs. Gonrocu voulait se défaire de suite de ses prisonniers, mais il fut retenu par la crainte des chrétiens qui, ayant su l'arrestation des deux hôtes des Pères, s'étaient rassemblés autour de la prison au nombre d'environ six cents et s'offraient tous au martyre. Ayant laissé s'écouler quelques jours il se fit amener pendant la nuit les deux confesseurs de Jésus-Christ et les pressa avec force promesses et menaces d'abandonner la foi et de retourner au culte des idoles. Mais ces vrais chrétiens, qui désiraient mourir pour leur divin maître, n'écoutèrent aucune de ses paroles. Ils furent conduits huit milles plus loin, sur une plage déserte, le premier octobre 1617, décapités et jetés dans la mer. Gaspard avait logé le Père Alphonse et André le Père Ferdinand, pendant trois années. Tous deux étaient des hommes de la vie la plus exemplaire, le second avait été élevé dès sa première enfance dans les séminaires de la Compagnie de Jésus [1].

V

LE BIENHEUREUX JEAN DE SAINTE-MARTHE
PRÊTRE DE L'ORDRE DES FRÈRES MINEURS, DÉCAPITÉ A MÉACO
1618, 16 AOUT

Le Père Jean de Sainte-Marthe, religieux de l'ordre des Frères Mineurs, était renfermé dans les prisons de Méaco, déjà depuis trois ans. Il était venu au Japon en 1607, et, au premier bruit de la persécution générale, il demanda la permission d'aller de Nangasaki dans l'état d'Omura. Il put s'y livrer pendant quelque temps aux travaux du ministère apostolique, et convertir un grand nombre d'idolâtres, parmi lesquels se trouvait un bonze. Mais saisi par les gens du prince d'Omura, le 24 juin 1615, il fut envoyé à Méaco, où on lui promit la liberté s'il renonçait à prêcher l'Évangile et s'il voulait sortir du Japon, mais il refusa. Il fut alors renfermé dans la prison

---

1. Bart., *ibid.* — *Relaz. del P. de Mena.*

publique, où il eut à souffrir les plus indignes traitements de la part des malfaiteurs infidèles qu'il y trouva. On le condamna au bout de trois ans à avoir la tête tranchée, en sa qualité de prédicateur et de ministre de l'Évangile. Il fut décapité, hors de la ville, le 16 août 1618.

Ce saint religieux, espagnol, vint au monde en 1578, à Prados, près de Tarragone, dans la province de Catalogne. Il fut placé à l'âge de huit ans dans la maîtrise de la cathédrale de Saragosse où il étudia la langue latine et la musique. Il prit l'habit religieux et professa la règle de Saint-François dans la province de Saint-Jacques. Ordonné prêtre, il demanda aux supérieurs les missions du Japon et quitta l'Espagne en 1606. Il passa l'année suivante au Japon et fut chargé de la chrétienté de Fuscimi. Il parlait très-bien la langue japonaise et prêchait avec beaucoup de zèle. On a encore de lui plusieurs ouvrages écrits contre les erreurs de quelques sectes. Les gens les plus pauvres étaient l'objet principal de ses soins, il allait à leur recherche dans les campagnes et sur les montagnes ; son cœur se consumait du désir du martyre, et dans sa prison de Méaco, sa seule crainte était d'être banni comme l'avaient été plusieurs autres religieux. Dieu lui accorda la grâce qu'il désirait tant, et qui le remplit d'une joie inexprimable.

Il parlait au peuple avec une ferveur extrême en marchant au lieu du supplice. Quand il y fut arrivé, il entonna le *Laudate Dominum omnes gentes*, et exhorta les chrétiens présents à prier pour l'empereur et ses ministres afin qu'ils se convertissent à la foi de Jésus-Christ, pour l'amour de qui il donnait volontiers sa vie [1].

VI

MORT DU BIENHEUREUX JEAN DE SAINT-DOMINIQUE PRÊTRE DE L'ORDRE DES FRÈRES PRÊCHEURS, DANS LA PRISON DE SUZUTA
1619, 19 mars

Pendant que ces victimes étaient immolées à la gloire de Dieu, d'autres se préparaient au même sacrifice dans la prison de Suzuta, ville du royaume d'Omura. Elle regorgeait d'un grand nombre d'illustres confesseurs de la foi qui enduraient un continuel martyre de privations et de souffrances. Le Japon n'a pas de prisons publiques comme les nôtres. On les construit, selon le besoin, à ciel ouvert avec

---

1. *Process. apost.*

des pieux et des fascines, et on y retient les criminels exposés à toutes les injures des saisons jusqu'à leur exécution. Telle était la prison de Suzuta, qui fut plus tard changée en une autre pire encore. Il fallait un miracle pour que tous n'y périssent pas de misère. Deux seulement y trouvèrent la mort pour la foi, et le premier fut le bienheureux Jean de Saint-Dominique, prêtre de l'ordre des Frères Prêcheurs.

Il naquit en Espagne dans la vieille Castille, passa en 1618 des Philippines au Japon avec le Père Ange Orsucci et fut fait prisonnier à Nangasaki, le 13 décembre de la même année. Voici le témoignage que lui a rendu Jérôme Diaz de Barreda, dans le procès-verbal fait à Macao : « Le témoin dit savoir certainement que le Père Jean de Saint-Dominique fut arrêté dans la ville de Nangasaki, par ordre de l'empereur du Japon, en haine de la loi du Christ et des religieux qui la prêchaient, comme faisait ledit serviteur de Dieu ; qu'il fut conduit dans une prison affreuse, désignée par l'empereur, dans la province d'Omura, pour y renfermer les religieux ; que les geôliers infidèles traitaient le serviteur de Dieu avec tant de cruauté en haine de la foi, qu'épuisé par leurs brutalités et la privation de ce qui est nécessaire à la vie, il tomba gravement malade ; et que manquant de remèdes et autres choses indispensables, il mourut de misère dans cette prison. Sa glorieuse mort est arrivée le 19 mars 1619. Le témoin a déclaré savoir cela avec certitude, parce que la mort du serviteur de Dieu et son martyre prolongé dans la prison avait été un fait entièrement public et notoire dans la chrétienté de Nangasaki où le témoin habitait alors; et parce que lui-même fut présent à l'arrestation du serviteur de Dieu dans cette ville, par les ministres infidèles, et qu'il le vit conduire enchaîné à la prison d'Omura. Il a déclaré que, dans cette prison, tant le Père Jean que les autres, tous religieux ou du même ordre de Saint-Dominique, ou de la Compagnie de Jésus ou des Frères déchaussés de Saint-François, lui écrivirent diverses lettres où ils lui faisaient part des cruautés atroces, que leur faisaient endurer les gardes infidèles, et comment le Père Jean-Dominique y était mort victime de leurs mauvais traitements et de la maladie qui en résulta; et qu'après sa mort les religieux de Saint-Dominique, compagnons de sa captivité, lui envoyèrent un doigt du serviteur de Dieu, afin qu'il le conservât, comme une relique de saint, ce qu'il a fait; le reste du corps ayant été brûlé par les infidèles en haine de la foi et afin que les chrétiens ne pussent point l'honorer comme le corps d'un saint. » Le bienheureux Hyacinthe Orfanel, dont nous raconterons le martyre plus tard, dans l'histoire qu'il a écrite des succès du christianisme au Japon de 1602 à 1620, dit du Père Jean de Saint-Dominique : « Cet excellent Père était grand travailleur, très-religieux et très-humble, comme on l'a vu pendant les nombreuses années qu'il fut ministre aux Philippines. Sa patience était extrême et son détachement des choses de ce monde si complet, que si on désirait avoir quelque chose à son usage, il suffisait de le lui manifester [1]. »

VII

CINQ MARTYRS BRULÉS VIFS A NANGASAKI
1619, 18 NOVEMBRE

Le 17 novembre 1619, le gouverneur Gonrocu fit conduire à son tribunal, de la prison de Nangasaki, où ils étaient renfermés depuis longtemps, les cinq confesseurs de la foi : Léonard Kimura, de la Compagnie de Jésus, Dominique Georges, portugais, André Tocuan et Jean Xoum, japonais, et Côme Taquea, coréen.

1. *Process. apost.* — *Relaz. del P. Orfanel.*

Léonard Kimura fut cité le premier. Interrogé s'il était religieux de la Compagnie de Jésus : « Oui, dit-il, je le suis, et vous devez bien le savoir, ayant été si souvent chez vous avec cet habit par ordre de mes supérieurs. » Le gouverneur répliqua : « Et pourquoi êtes-vous resté au Japon contre la volonté et les édits de l'empereur? — C'est, répondit Léonard, pour y faire connaître le vrai Dieu et pour prêcher sa sainte loi : je l'ai fait jusqu'ici et ne cesserai de le faire tant que je vivrai. — Et voilà précisément pourquoi, conclut le juge, je vous condamne au nom de l'empereur à mourir brûlé vif. » Alors Léonard tout joyeux leva les yeux au ciel et bénit le Seigneur ; puis il rendit de grandes actions de grâces au gouverneur, et se retournant vers les assistants fort nombreux : « Sachez-le, s'écria-t-il, et dites-le bien aux absents : c'est pour le seul amour de mon Dieu et de sa sainte loi que j'ai prêchée, qu'on m'a condamné au feu, et je m'en glorifie comme d'une chose désirée depuis bien longtemps. » Il continua de leur parler en cherchant surtout à fortifier les chrétiens dans la foi.

Après Léonard Kimura comparut Dominique Georges. Il avait donné asile au Père Spinola et au Frère Fernandez, connaissant très-bien les ordres de l'empereur. Il l'avoua incontinent, et ajouta que c'était précisément à cause de cela qu'il était prisonnier depuis un an et plus. André Tocuan, Jean Xoum et Côme Taquea, confessèrent avec la même générosité d'avoir donné l'hospitalité, le premier au Père François de Morales, le second au Père Alphonse de Mena et le troisième aux Pères Ange Orsucci et Jean de Saint-Dominique. Le juge les exhortait à se concilier la bienveillance de l'empereur et à sauver leur vie en renonçant à la foi. Mais ils répondirent tous qu'ils aimaient mieux mourir. Leur procès fut ainsi terminé et on les ramena en prison.

Quelques heures après on apporte à Léonard Kimura la nouvelle bien inattendue et bien fâcheuse pour lui, qu'on n'avait préparé que quatre poteaux et quatre bûchers, et qu'il était exclu du nombre des martyrs. C'était vrai; mais quel qu'ait été en cela le motif du gouverneur, ce fut une disposition particulière de la divine Providence. Léonard n'ayant pas à s'occuper de soi, donna la nuit entière à ses compagnons, enflammant leur cœur et leur inspirant le courage nécessaire pour mourir avec fermeté dans ce cruel supplice. Mais voici qu'à la première aube du jour suivant, un messager accourut en toute hâte pour prévenir le Père Matthieu de Couros, provincial de la Compagnie de Jésus, qu'on avait disposé un cinquième poteau avec son bûcher. Il en avisa immédiatement Léonard, qui dans sa joie courut embrasser ses compagnons et entonna à haute voix le *Laudate Dominum omnes gentes.*

On les conduisit de la prison sur une petite colline qui domine la mer; elle est isolée de trois côtés, et avait été choisie en 1597 pour le lieu du supplice des vingt-six martyrs morts sur la croix. Plus de vingt mille personnes accoururent de Nangasaki et des environs à ce nouveau et émouvant spectacle : les uns s'arrêtaient sur le chemin pour voir passer les confesseurs de la foi, les autres se pressaient sur la colline autour des bûchers, des barques remplies de monde couvraient la mer à une assez grande distance. Nos saints martyrs saluaient affectueusement le peuple, et excitaient les chrétiens à l'amour de leur sainte religion. Ils s'arrêtèrent à la vue des bûchers, s'inclinèrent pour les saluer et se saluèrent eux-mêmes en se séparant l'un de l'autre. Quand ils furent liés chacun au poteau qui lui était assigné, ils levèrent les yeux vers le ciel et ne les en détachèrent pas jusqu'à leur dernier soupir. On ne les vit point se tordre pendant leur supplice, ils gardaient la même posture et le même visage : on aurait dit qu'ils n'éprouvaient aucune douleur. Pour Léonard Kimura qui seul d'entre eux était prédicateur, il prit la parole pour dire ce que son cœur enflammé de l'amour de Dieu lui suggérait. Aussitôt que le bûcher fut allumé, ses liens ayant été réduits en cendres, il se trouva libre des mains; il les mettait dans les flammes comme pour les prendre et les porter autour de sa tête, en répétant à voix haute et bien intelligible : « Qu'est-ce que ces flammes? qu'est-ce que ce feu qui ne brûle pas, qui ne me fait pas souffrir? » et il continuait à attirer les flammes vers lui.

Pendant cette exécution les jeunes gens et les jeunes enfants des congrégations de la Sainte-Vierge, qui se tenaient dans une barque proche du rivage, chantaient des psaumes en chœur, et lorsque la multitude des fidèles placés sur la colline vit les broussailles en feu, elle invoqua à grands cris les noms de Jésus et de Marie. Tous les chrétiens répandaient de douces larmes et s'animaient à mourir eux aussi pour la foi. Il y eut entre autres un Chinois qui, si on l'eût laissé dans sa bonne foi, allait se précipiter au milieu des flammes, pour gagner la palme du martyre; et un mari en aurait fait autant avec sa femme, si on ne leur eût pas fait comprendre que c'était chose illicite. Les flammes ne laissèrent que les os des martyrs, et encore furent-ils ramassés, broyés en petits morceaux et jetés à la mer. Les fidèles en recueillirent cependant quelque chose, mais avec le regret de ne pouvoir discerner auquel des cinq Bienheureux appartenait chaque relique. Ce glorieux martyre arriva le 18 novembre 1619.

Léonard Kimura était né à Nangasaki. Il fut élevé dès sa tendre enfance par les Pères de la Compagnie de Jésus. A treize ans il alla vivre avec les Pères à titre de catéchiste ; à dix-sept ans il prit leur habit et fit ensuite les vœux de religion. Quoiqu'il eût étudié plus qu'il n'était nécessaire pour recevoir les saints ordres, il choisit par humilité l'état de coadjuteur temporel. Dieu l'en récompensa ; outre le mérite de son humilité, il eut le bonheur d'engendrer à la foi par ses prédications autant d'enfants spirituels qu'il aurait pu le faire comme Père et comme prêtre. Pendant les deux années et demie de son emprisonnement et au milieu de mille difficultés et embarras, il convertit et baptisa de sa main quatre-vingt-seize idolâtres, qui, d'hommes perdus de crimes qu'ils étaient, apprirent de lui à vivre en bons chrétiens.

Dominique Georges vint au monde à Aguiar de Sousa, en Portugal. Il passa aux Indes, servit quelque temps comme soldat, et donna des preuves de valeur. Puis étant allé au Japon, il s'y maria avec Élisabeth Fernandez dont il eut un fils nommé Ignace, qui tous deux aussi moururent après lui martyrs de la foi. Il supporta pendant une année les souffrances de la prison avec une patience invincible, et lorsqu'on lui prononça l'arrêt qui le condamnait au feu : « Il m'est plus agréable, dit-il, de recevoir cette sentence que d'entrer en possession du Japon tout entier. De retour à la prison, il envoya au Père Matthieu de Couros, provincial de la Compagnie de Jésus, la lettre suivante : « J'écris, la veille de mon très-agréable départ de ce monde, pour vous rappeler mon tendre amour pour Votre Révérence et toute la Compagnie. Je vous embrasse tous dans l'amour de Jésus-Christ. Il a donc plu au Dieu des consolations et au Père des miséricordes de me choisir pour une si heureuse fin, malgré toute mon indignité. Et comment aurai-je pu espérer de souffrir pour mon Rédempteur une mort aussi glorieuse? Je ne puis écrire à tous les Pères et Frères, mais je les supplie de rendre pour moi les actions de grâces convenables à Dieu et à la très-sainte Vierge. » Quand il fut lié à son poteau, il récita le *Credo* à haute voix, et arrivé à ces paroles : *natus ex Maria Virgine*, pendant qu'il inclinait sa tête en signe de respect, son visage fut couvert de si grandes bouffées de flammes qu'on n'entendit plus aucune parole, quoiqu'on pût encore observer le mouvement de ses lèvres qui continuèrent la profession de foi jusqu'à son dernier soupir.

André Tocuan, né d'une famille noble de Nangasaki, s'était déjà depuis quelque temps séparé des siens pour mener une vie plus pieuse et donner asile aux religieux. Ce qu'il désirait avant tout, c'était de mourir martyr. Aussi, quand il fut pris et enchaîné, il baisait ses liens et les plaçait par respect sur son cou. Le gouverneur employa tous les moyens pour le déterminer à abjurer la foi. Dans la prison, sur le lieu même du supplice, il lui fit offrir la vie à ce prix. Cet homme courageux repoussa avec horreur toutes ces propositions.

Jean Xoum, né à Méaco, vint dans sa jeunesse à Nangasaki où les Pères de la Compagnie de Jésus le baptisèrent. Il se maria et devint père de famille. Sa femme et ses enfants furent aussi martyrs. Ayant entendu dire que le Père Alphonse de Mena, ne sachant où loger, habitait misérablement dans un bois voisin, il alla de suite le trouver et l'emmena dans sa maison. Ce fut l'occasion de son arrestation; et comme il restait ferme dans la foi, il fut condamné à mort.

Côme Taquea avait été transporté à l'âge de onze ans de la Corée au Japon, comme prisonnier de guerre, et il fut baptisé dans ce dernier pays. Après avoir été longtemps au service d'un grand seigneur, il en reçut pour prix de sa fidélité une maison avec quelques terres, ce qui lui permit de s'employer dès lors tout entier au service de la foi et au soutien des religieux. C'est chez lui que logèrent les Pères Ange

Orsucci et Jean de Saint-Dominique à leur arrivée de Manille, et il leur enseignait la langue et les caractères japonais. Il reçut sa sentence de mort en chantant le *Laudate Dominum omnes gentes* et les litanies des Saints. On peut sans aucun doute le regarder comme le premier martyr de Corée, de ce pays qui donna plus tard tant d'illustres héros à l'Église [1].

VIII

ONZE MARTYRS DÉCAPITÉS A NANGASAKI
1619, 27 NOVEMBRE

Neuf jours après le couronnement de nos cinq martyrs, le mercredi 27 novembre, le gouverneur Gonrocu fit couper la tête dans le même lieu à onze autres fervents chrétiens. Leur seul crime était d'être voisins des maisons où logeaient les religieux de Saint-Dominique et de la Compagnie de Jésus qu'on avait arrêtés, en vertu de cette loi plus que barbare qu'on présumait qu'ils étaient instruits de la présence des proscrits en ces lieux. Mais qu'ils le sussent

---

1. Bartoli, lib. IV, n° 18. — *Lett. ann.*

ou non, Dieu donna à leur mort un bien haut degré de mérite. Car Gonrocu ayant promis de laisser la vie, et même de rendre les biens déjà saisis par le fisc, à ceux qui renieraient la foi, sur douze qu'ils étaient, il ne s'en trouva qu'un seul, nouveau Judas, qui apostasia. Les onze autres firent remettre au provincial de la Compagnie de Jésus, qui leur avait envoyé un prêtre pour les assister, la promesse écrite de rester fidèles à Dieu quelle que fût la mort qui les attendait. Ils ne faillirent pas à cet engagement. Tous vêtus en habit de fête, le visage rayonnant de courage et d'allégresse, accompagnés d'une multitude de fidèles, ils se rendirent au lieu du supplice qui était toujours le même pour les chrétiens et qu'on appelait à cause de cela le lieu saint des martyrs. On les décapita l'un après l'autre au milieu des chants des enfants et des larmes des chrétiens.

Le plus illustre d'entre eux par sa naissance comme par ses vertus, était Thomas Cotenda Kiumi, fils de D. Jérôme Kiumi, autrefois seigneur de deux îles et proche parent du roi de Firando. Les Pères de la Compagnie de Jésus le baptisèrent huit jours après sa naissance. Il fut élevé dans le séminaire avec d'autres jeunes gens nobles. Dès le début de la persécution, afin de se maintenir dans la fidélité au service de Dieu, il fit volontairement le sacrifice de ses parents et de ses amis fort nombreux, s'éloigna de sa patrie avec son père, et vint mener une vie privée à Nangasaki. Là pendant vingt années d'exil, il fut un modèle de toutes les vertus. Il jeûnait et prenait la discipline trois fois la semaine, il portait sur sa chair un rude cilice, il passait souvent la nuit entière au pied du Saint-Sacrement. Son cœur brûlait du désir du martyre et, quand il en eut la certitude, il éclata en transports incroyables d'allégresse. Seulement il regrettait de mourir d'un simple coup de sabre, il aurait voulu être brûlé à petit feu. Il reçut sa glorieuse couronne de martyre à l'âge de quarante et un ans.

Antoine Kimura, jeune homme de vingt-trois ans, parent du Frère Léonard Kimura de la Compagnie de Jésus, dont nous avons déjà parlé, mérite aussi une mention spéciale. On essaya plusieurs fois de lui faire abjurer la foi. « Je renoncerais plutôt, répondit-il, à l'empire du Japon. » Lorsqu'il fut dans l'enceinte où on devait lui couper la tête, il demanda aux bourreaux quel était l'endroit exact où Léonard, son parent, était mort; ils le lui montrèrent. Alors Antoine s'agenouilla, inclina son front sur ce lieu sacré, lui donna mille baisers en l'arrosant en même temps des plus douces larmes. Puis il se releva et présenta son cou au bourreau.

Les autres furent Mathias Nacano, Romain Matevoca et Mathias Cozaca, habitants d'Omura; Jean Motaiana et Alexis Nacamura, du royaume de Figen; Léon Nacanisci d'Amanguki, âgé de quarante-trois ans, Barthélemy Xeki d'Usuki du royaume de Bungo, Jean Ivananga de Civiga, vieillard sexagénaire, et Michel Takescita de Nangasaki, jeune homme de vingt-cinq ans qui était dans la chrétienté en grande réputation par sa pureté virginale, par la douceur et l'aménité de son caractère[1].

IX

LE BIENHEUREUX AMBROISE FERNANDEZ, DE LA COMPAGNIE DE JÉSUS MORT DANS SA PRISON, PAR SUITE DES MAUVAIS TRAITEMENTS QU'IL Y ENDURA
1620, 7 JANVIER

Les souffrances des confesseurs de Jésus-Christ resserrés dans la prison de Suzuta allaient croissant. Et comme elle était devenue trop petite pour le grand nombre des détenus, le gouverneur de Nangasaki en fit faire dans le voisinage une autre qui était peut-

---

1. Bartoli, lib. IV, n° 18. — *Lett. ann.*

être dix fois pire. Nous en avons une description exacte dans une lettre du Père Charles Spinola. « Notre prison, dit-il, large de seize palmes et longue de vingt-quatre, ressemble tout à fait à une cage d'oiseaux : elle est formée dans son pourtour et son plafond de poutrelles carrées, distantes l'une de l'autre de deux doigts; il y a un toit de tuiles, et le sol est traversé par beaucoup de poutres clouées à de grosses planches. On a percé une petite porte par laquelle une personne peut à peine passer, et qu'on tient fermée à clef. Tout proche est un trou de la grandeur et de la forme de l'écuelle de riz en usage au Japon et dans laquelle on nous donne à manger. Tout autour est un chemin large de huit palmes, qui est clos par une double ligne de pieux serrés, élevés, terminés en pointe et dont l'intervalle est bourré d'épines. Cette palissade n'a qu'une porte vis-à-vis de la petite, et qui ne s'ouvre qu'à l'heure du déjeuner et du dîner. Il y a, en deux endroits, des bâtiments; les uns pour les soldats de garde jour et nuit et leur caporal qui leur fait faire des rondes fréquentes et les empêche d'être négligents dans leur service, les autres pour la cuisine. Enfin, tout le reste de l'emplacement est entouré d'une autre forte palissade où se trouve la porte principale, de manière que nous sommes restés longtemps sans pouvoir échanger aucune lettre avec Nangasaki, ni recevoir aucune sorte de provisions. Notre ordinaire se compose de deux écuelles, l'une de riz, cuit simplement à l'eau, l'autre d'herbes mal assaisonnées, et de quelques raves crues ou salées, ou de deux petites sardines salées et d'eau chaude et froide pour apaiser la soif. Et comme plusieurs d'entre nous ne se sont jamais vus à pareil régime, nous nous en tirons avec le riz et le sel. On ne nous permet pas de nous servir de couteaux ni de ciseaux ; et, pour ne pas compromettre ceux qui nous en ont procuré, nous portons une barbe et des cheveux d'ermite. On ne veut pas que nous lavions dehors notre chemise et autres vêtements, ni que nous les fassions sécher au soleil. Aussi la malpropreté est-elle extrême, et comme tous les autres besoins naturels doivent nécessairement se satisfaire dans l'intérieur de cette prison, la puanteur y est grande. On ne nous donne pas de lumière pendant la nuit, de manière que chacun des sens a son supplice. L'été s'est encore bien passé malgré le vent et l'air froid des nuits qui pénétraient de tous côtés ; mais quand vinrent les pluies et les tempêtes et que leur succédèrent les froids et les neiges, comme nous n'avions rien pour nous garantir, nous avons eu beaucoup à offrir au Seigneur. » Trente-deux confesseurs de la foi demeurèrent environ quatre années dans cette horrible prison. La plupart y endurèrent de fréquentes et graves maladies, et deux y moururent. La première victime a été le Père Jean de Saint-Dominique dont il a été question, et la seconde le Frère Ambroise Fernandez, dont la mort est racontée par le Père Spinola dans une de ses lettres au Père provincial. Je ne puis mieux faire que de citer textuellement ce témoin oculaire : « Beaucoup et de graves motifs me pressent d'écrire à Votre Révérence, mais surtout l'heureux départ de notre très-vertueux vieillard Ambroise Fernandez. Tous furent émerveillés de le voir se dégager si prestement des liens de cette vie. Il mangeait très-difficilement et très-peu, car on ne lui donnait rien de mangeable. Survint un froid si glacial qu'il perdit la voix, le mouvement, et resta frappé d'apoplexie. On a eu quelque idée d'empoisonnement, à cause de la quantité de sang qu'il a vomi. Il expira vers minuit et resta si chaud qu'il semblait plus vivant que tout autre. Aussitôt qu'il eut été frappé par la maladie, quoiqu'il se fût confessé et eût communié ce jour-là même, je lui demandai à haute voix s'il se repentait sincèrement de tous les péchés de sa vie. Il fit signe que oui, et je lui donnai l'absolution. Je lui demandai ensuite s'il mourait volontiers de faim pour l'amour de Jésus-Christ. Il put répondre : qu'il soit fait de moi ce qui plaît à Dieu. Je lui demandai s'il voulait recevoir l'Extrême-Onction pour se fortifier dans ce dernier combat. Il prononça un dernier oui très-intelligiblement. Nous étions au milieu de la nuit. Le voyant toucher à son terme, je demandai par pitié une lumière aux soldats, afin de pouvoir lui administrer les saintes huiles. Je ne pus l'obtenir; alors je me décidai à allumer une mèche d'arquebuse, ce qui me donna le moyen de lui faire les onctions sacrées. Il s'en alla dans la demeure des anges, comme nous le croyons, avec un visage angélique, accompagné du chant des psaumes et des litanies, et au milieu de ces bons religieux. Puis un d'eux qui faisait les fonctions de choriste de semaine, entonna le psaume *Laudate Dominum omnes gentes*, en actions de grâces. Tous pleuraient de joie autour de moi, ils me portaient envie d'avoir un compagnon martyr, qui était parti de ce monde, muni de tous les sacrements; ils espéraient que dans le ciel, celui qui sur la terre avait été si aimable et si aimé, leur serait un intercesseur commun. Pour moi, mon heure n'est pas encore venue, j'ai grande confiance que la bonté divine ne la retardera pas, j'attends mon jugement et ma condamnation capitale dans deux ou trois jours. Et tout en me réjouissant

3.

infiniment d'avoir mon très-doux compagnon au paradis, je m'afflige intérieurement de ne pas l'avoir servi et traité comme il le méritait. »

Le provincial, informé de ces circonstances, donna ordre au Père Spinola, en qualité de vicaire et d'administrateur de l'évêché, de prendre des informations juridiques; et c'est ainsi que neuf de ces bienheureux compagnons du Frère Ambroise Fernandez firent leur déposition sur ses vertus et sur la sainte mort qu'il endura en haine de la foi. Quelques-uns prirent de ses cheveux, le Père Spinola envoya une de ses dents au Père général à Rome. Son corps resta trois jours dans la prison sans que les gardes se souciassent de l'ensevelir. Enfin ils l'emportèrent et l'inhumèrent proche de la dernière des palissades.

Ambroise Fernandez était portugais, né à Sisto dans l'évêché de Porto. Il passa, dans sa jeunesse, en Orient pour y chercher fortune, et il la trouva meilleure qu'il ne la désirait. Car étant débarqué au Japon après une furieuse tempête, il ne voulut plus rien avoir de commun avec le monde; il s'abrita dans le port de la religion par son entrée dans la Compagnie de Jésus, où il fut reçu à l'âge de vingt-six ans, en 1577. Il y vécut quarante-trois ans, sans jamais se reposer des fatigues et des souffrances qu'il avait à endurer dans cette mission. Il était coadjuteur temporel, avait fait ses derniers vœux en 1591, et il mourut le 7 janvier 1620 [1].

X

LE BIENHEUREUX MATHIAS D'ARIMA,
CATÉCHISTE DES PÈRES DE LA COMPAGNIE DE JÉSUS,
MORT DANS LES SUPPLICES A NANGASAKI
1620, 22 MAI

Le Père Matthieu de Couros, provincial de la Compagnie de Jésus et administrateur de l'évêché, avait pour l'aider dans le plus périlleux exercice de son double gouvernement de la chrétienté et des Pères, un chrétien courageux nommé Mathias, né à Cazusa dans le royaume d'Arima. Cet homme, d'une ardente charité, adonné à l'oraison, et méprisant la vie dans l'exercice de son emploi, s'était voué au service de la Compagnie dès l'âge de quatorze ans, désirait souverainement d'y être reçu comme religieux et en méritait bien la grâce par son dévouement et sa fidélité. Le Père de Couros s'en servait principalement pour porter de nuit ses ordres et ses lettres soit aux Pères,

---

1. Bart., lib. IV, n° 24. — *Lett. ann.*

soit aux chrétientés plus persécutées, ce qui se présentait presque continuellement. Il lui demandait souvent, en lui donnant ses commissions, ce qu'il fit encore la nuit qui fut la dernière de ses voyages et de sa vie, s'il révélerait les Pères dont il connaissait l'habitation au cas où il serait pris, reconnu pour être à notre service et mis à la torture. « Je me laisserais, disait-il, plutôt déchirer la chair vive par bouchées, et moudre les os que de livrer par mes révélations un seul ministre de l'Évangile. » Et il en donna la plus forte preuve. Étant tombé une nuit entre les mains de gens placés en embuscade pour saisir les religieux au sortir de leur retraite, et trouvé porteur, sous ses habits, d'un vêtement de prêtre, il fut saisi comme étant homme des Pères, lié très-étroitement et conduit au président. Les employés du tribunal se mirent à l'examiner et à lui demander de la part de qui et à qui il portait ce vêtement. Mais malgré toutes leurs importunités, ils ne purent en tirer une parole, alors ils eurent recours aux tourments. Ils commencèrent par l'accabler de coups de pied et de coups de poing, mais il n'en restait pas moins immobile et muet. Ils l'étendirent à terre, lui enfoncèrent de force un entonnoir dans la gorge et lui remplirent le corps d'eau autant que possible. Ils lui mirent ensuite, tous ensemble, les genoux sur le ventre et le pressèrent jusqu'à lui faire rejeter cette eau avec une violence telle qu'elle jaillissait par toutes les voies et même par les yeux. Ils recommencèrent de nouveau à lui remplir le corps d'eau et à le presser jusqu'à la lui faire rendre. Torture horrible, que durent également subir beaucoup d'autres chrétiens. A la fin Mathias leur dit : « Puisque vous êtes épuisés vous-mêmes, laissez-moi respirer et je vous en ferai connaître un auquel vous ne vous attendez pas, il doit bien vous être cher celui-là, car il est prêtre, revenu d'Europe, même de Rome, le grand Méaco des chrétiens. » Pressé de s'expliquer, il ajouta : « Ce prêtre est à Firando », et il nomma Thomas Araki qui avait donné aux fidèles, peu auparavant, l'horrible scandale de renier la foi. « Celui-là mérite bien, continua-t-il en souriant, que vous en fassiez tout ce que vous voulez faire des bons dont je ne vous dirai jamais ni qui ils sont ni où ils demeurent. Non, jamais pour cette vie que vous m'offrez, je ne saurais imiter ce perfide et renier Jésus-Christ. » Gonrocu, passant du mépris à la colère, ordonna de redoubler les tourments ; on reprit plusieurs fois les infusions d'eau, on lui fit couler du plomb fondu le long du dos ; on l'accabla de coups, et c'est en étant frappé sous le menton, qu'il se coupa la moitié de la langue avec les dents. Il le laissèrent alors revenir à lui, se réservant de le soumettre, le jour suivant, aux mêmes tortures, puis de le crucifier ou de le brûler à petit feu. Mais le vingt-deuxième jour de mai écoulé, il s'échappa de leurs mains, en remettant son âme dans celles de Dieu. Il était âgé de quarante-neuf ans. Les bourreaux le voyant mort le lendemain, traînèrent son cadavre sur le lieu des exécutions, en détachèrent la tête, la fixèrent sur la pointe d'une pique et y attachèrent un écriteau portant la sentence qui le condamnait à mort comme étant chrétien et instruit de la retraite des Pères; mais en réalité, à la vue de ce courage supérieur à tous les tourments, ils le croyaient religieux de la Compagnie de Jésus et supposaient que le vêtement qu'ils avaient saisi était le sien propre; d'ailleurs il est certain que s'il avait vécu quelque temps encore, le provincial lui aurait accordé cette grâce que nul autre ne désirait plus que lui. Son corps fut jeté à la mer, mais les chrétiens le repêchèrent et le gardèrent avec le respect qui lui était dû [1].

1. Bartoli, lib. IV, n° 29.

XI

CINQ CHRÉTIENS CRUCIFIÉS À COCURA DANS LE ROYAUME DE BUGEN
1620, 16 AOUT

Cette année 1620 serait peu glorieuse, par comparaison avec les précédentes, si on ne joignait pas aux deux couronnes remportées à Suzuta et à Nangasaki celles qui furent acquises par cinq martyrs crucifiés à Cocura dans le royaume de Bugen. Leur chef était Simon Quiota Bocusai, de famille noble et membre de la vieille chrétienté du Bungo. Les Pères de la Compagnie de Jésus lui avaient confié l'emploi de cambo, c'est-à-dire, l'avaient chargé de l'instruction des fidèles. Ce saint vieillard, âgé de soixante ans, avait reçu de Dieu le don spécial de chasser les démons. Lui et la compagne de sa vie, Madeleine, leurs trois hôtes Thomas Guengoro, Marie sa femme et Jacques leur fils, furent dénoncés par Gietciundono. On mit des gardes à leur maison, et on travailla de toutes manières par les promesses et par les menaces à les faire renoncer à la foi. Ils répondirent toujours simplement, selon la philosophie de l'Évangile et les enseignements de Jésus-Christ, que pour s'assurer la vie il n'y avait pas de moyen plus sûr que de la perdre, si toutefois on pouvait parler de perte quand on changeait cette misérable vie temporelle contre la vie éternelle et heureuse dont les chrétiens seuls peuvent entrer en possession. Ils étaient si fortement appuyés sur ce principe que Jacques, tout petit enfant qu'il était, ne se désolait pas, ne pleurait pas pendant que les bourreaux le frappaient cruellement; au contraire, il se réjouissait de ses douleurs présentes, et comme si c'était encore trop peu, il s'offrait de grand cœur à la mort. On ne tarda pas à prononcer leur sentence ; elle leur fut d'autant plus chère qu'elle les condamnait à un genre de mort plus sacré, c'est-à-dire plus semblable à la mort de notre Rédempteur, à mourir sur la croix. Et pour que leur déshonneur et leur supplice fussent plus grands, ils devaient, comme saint Pierre, avoir la tête en bas et les pieds en haut, mais cette circonstance n'était à leurs yeux qu'un honneur et un avantage de plus.

Simon dans l'excès de sa joie en donna aussitôt avis au Père provincial de Couros par une lettre pleine d'humilité et de générosité. Au milieu du mois d'août, Simon et Madeleine à ses côtés, ensuite Thomas et Marie avec leur courageux petit Jacques, placé entre eux deux, tous revêtus de leurs plus riches habits, enchaînés très-étroitement et entourés par les bourreaux et les soldats, s'acheminèrent vers le lieu ordinaire des exécutions. On portait devant eux, au bout d'une pique et écrite en gros caractères, la sentence qui les condamnait à ce supplice infâme pour n'avoir pas renoncé à la loi de Jésus-Christ. Nos confesseurs de la foi à la vue de cet écriteau furent remplis d'une consolation inexprimable, ils marchaient en rendant grâces à Dieu et à Gietciundono. Simon et Madeleine, les plus âgés, ne restèrent vivants en croix que jusqu'à la nuit du jour suivant. Marie résista quelque temps de plus. Et comme Thomas et Jacques vivaient encore trois jours après, soit pitié, soit impatience, les bourreaux leur percèrent les flancs à coups de lances. Ils arrachèrent les croix, les brûlèrent avec les cinq corps et en jetèrent les cendres au vent et à la mer [1].

1. Bartoli, lib. IV, n° 29.

XII

LE BIENHEUREUX AUGUSTIN OTA, DE LA COMPAGNIE DE JÉSUS
DÉCAPITÉ
1622, 10 AOUT

L'année 1622 est une des plus mémorables du Japon pour le nombre et la qualité des martyrs, on l'appelle l'année du grand martyre. Le premier qui se présente à nous est le Frère Augustin Ota, de la Compagnie de Jésus. Il fut arrêté le 24 avril avec le Père Camille Costanzo et Gaspard Cotenda, catéchiste. Conduits tous trois à Firando, présentés au juge, et leur cause promptement expédiée, ils furent envoyés à la prison d'Iki où étaient déjà renfermés le Père Louis Flores, dominicain, et le Père Pierre de Zuniga, augustin; il sera question plus tard de ces deux Pères.

La première couronne échut donc à Augustin, arrivé presque à sa cinquantième année. Il en avait passé trente-cinq dans l'Église de Jésus-Christ, toutes consacrées au service de l'Église et à celui des Pères de la Compagnie de Jésus. Ce qui lui méritait bien assurément la grâce de mourir religieux de notre ordre, surtout lorsqu'il n'en attendait pas d'autre récompense. Aussi fut-ce un effet remarquable de la Providence en sa faveur, que, sur tant de lettres envoyées par le Père provincial François Pacheco de Nangasaki à Iki, une seule arrivât entre les mains du Père Camille Costanzo, et celle-là précisément où on lui donnait le pouvoir d'admettre Augustin dans la Compagnie de Jésus. Il était né à Ogiza, une des îles de Goto dépendante de la principauté de Firando. C'était le meilleur caractère qu'on pût imaginer, à tel point qu'encore païen et tout jeune, il ne s'apercevait pas de la conduite vicieuse des bonzes, dans le monastère de qui il était élevé. Après avoir été baptisé par les Pères et bien instruit des choses de Dieu, on lui confia une église, ce qui s'appelle dans ce pays être cambo. Mais elle fut détruite au temps de la persécution et il passa à Firando. Il serait bien long de raconter tout ce qu'il y fit pour le bien des fidèles, et quelle vie sainte il y mena lui-même. Il s'offrit au Père Camille pour compagnon de ses travaux lorsque ce Père y arriva. Il fut pris avec lui à Ucu, emprisonné avec lui quatre mois à Iki, et c'est le 10 août de cette année 1622, qu'après avoir fait aux pieds du Père Camille et des deux autres religieux, les Pères de Zuniga et Flores, les premiers vœux de la Compagnie de Jésus, il fut tiré de prison et décapité sur le rivage, à la vue de ses trois compagnons de captivité. Le tronc et la tête du martyr furent jetés dans la mer[1].

XIII

TROIS MARTYRS BRULÉS VIFS ET DOUZE AUTRES DÉCAPITÉS A NANGASAKI
1622, 19 AOUT

L'année 1622, un navire voguait des Philippines vers le Japon, sous les ordres du capitaine Joachim Firaiama, homme de famille noble et de grande vertu. Il avait été converti au christianisme à Méaco et baptisé dans cette ville par le Père Balthazar de Torres, de la Compagnie de Jésus. Il s'était fixé ensuite à Manille, où il se faisait appeler du nom espagnol de Diaz. Léon Sucheiemon, pilote, Jean Foiamon, écrivain du navire, et dix autres, tant passagers que matelots, étaient aussi des habitants de Manille. C'était l'amour du pays natal qui les faisait revenir au Japon. Surpris en route par une tempête, ils furent forcés de relâcher dans le port de Macao, jusqu'à ce que le retour du calme leur permît de

---

1. Bartoli, lib. IV, n° 55.

reprendre la mer. Ils se trouvaient au 2 du mois d'août entre l'île Formose et la Chine, quand ils furent attaqués à l'improviste et capturés par un navire monté par des hérétiques hollandais. La reconnaissance de leurs prisonniers leur fournit un excellent moyen de pallier leur brigandage et de se montrer, non en corsaires, mais en alliés aux yeux des Japonais. Ce fut deux passagers qui le leur fournirent ; ils portaient l'habit de marchand, mais ils étaient religieux, et le zèle des âmes les portait aux missions du Japon ; l'un se nommait Louis Flores, de l'ordre de Saint-Dominique, et l'autre Pierre de Zuniga, de l'ordre de Saint-Augustin. Les hérétiques, enchantés de leur découverte, conduisirent leur prise à Firando et ils n'eurent ni honte ni scrupule de livrer les captifs aux persécuteurs. Nos deux religieux étant reconnus comme tels et comme prêtres, même de leur propre aveu, on dépêcha un courrier à la cour pour en donner avis. L'empereur, excité par les perfides suggestions des hérétiques, entra en fureur et donna de suite ordre à Gonrocu, gouverneur de Nangasaki, de faire mourir par le feu les deux religieux avec le capitaine Joachim et de faire couper la tête à tous les autres qui se trouvaient sur le même navire. De plus, il commanda de rechercher les femmes et les enfants de ceux qui avaient été mis à mort depuis trois ans, pour avoir logé des religieux, de leur adjoindre trente-deux autres détenus à la prison de Suzuta et de les faire tous mourir les uns par le fer et les autres à petit feu.

Cette sentence parvint à Nangasaki le 27 juillet, et Gonrocu ne tarda pas à la mettre à exécution. Dès l'aube du jour suivant, il fit prendre et amener garrottés devant lui dix-neuf chrétiens qui, comme matelots ou comme marchands, retournaient de Manille au Japon sur la frégate du capitaine Joachim. Il leur demanda depuis combien de temps ils étaient baptisés, et, leur réponse entendue, il leur laissa le choix, ou de sauver leur vie en reniant leur foi, comme il les y exhorta chaudement, ou d'être mis à mort s'ils s'obstinaient dans leur refus. Alors un apostat nommé Feizo, et qui était un des gouverneurs, s'avança et chercha par mille raisons à leur persuader que s'ils avaient vécu en insensés, ils ne devaient pas mourir en insensés, dans l'attente chimérique d'un bien qui n'existe pas pour une âme qui ne vit que dans son corps. Mais ils ne l'écoutèrent qu'avec mépris. La pensée de leur mort les remplissait de joie, ils y voyaient non pas le terme des souffrances de leur malheureux voyage, mais bien la récompense de leur fidélité à professer la foi. On les reconduisit en prison où furent amenés le jour même les femmes et les enfants qu'on devait exécuter avec eux. En même temps arrivaient de Firando les deux religieux, le capitaine Joachim, le pilote et l'écrivain du navire. Par mesure de sûreté, on avait construit, sur le pont de la barque qui les portait, une solide prison en planches, deux cents soldats montés sur plusieurs bateaux faisaient la garde jour et nuit. Les prisonniers demeurèrent ainsi dans le port de Nangasaki jusqu'au 19 août, où l'on envoya les trois premiers entendre, de la bouche de Gonrocu, leur sentence de condamnation au feu. Ils comparurent, chacun suivi de son bourreau, qui tenait en main une grande fourche de fer, dont on se sert pour arranger le bûcher et attiser le feu. On reconnaissait à ce signe qu'ils allaient être condamnés au supplice du feu. Les deux religieux portaient la tonsure et étaient vêtus de l'habit de leur ordre, le Père Flores en dominicain et le Père de Zuniga en augustin. Quoiqu'ils fussent étroitement enchaînés, leur visage respirait le calme et le courage. Ce spectacle remplit les fidèles de consolation. Gonrocu choisit seulement douze des Japonais emprisonnés à leur occasion et qui avaient tous confessé généreusement la foi; il leur demanda de nouveau s'ils persistaient dans leur première résolution, et il les condamna, sur leur affirmation commune, à avoir la tête tranchée. On les exécuta hors de Nangasaki.

Il n'y en eut aucun qui égalât en courage et en ferveur le capitaine Joachim. Il prêchait à haute voix contre l'adoration des idoles, lorsque au bout de quelque temps les gardes, ennuyés de ses discours, lui ordonnèrent de se taire; il inclina humblement la tête à cette injonction, et les pria ensuite de lui laisser dire, pendant les quelques instants qu'il avait encore à vivre, ce qui lui était un sujet de consolation. Cette demande fut faite d'une manière si persuasive que ces barbares en furent touchés et le lui permirent. Il continua donc jusqu'à ce qu'il se remît entre leurs mains pour être lié au poteau qu'on lui avait destiné. Là encore il donna une nouvelle preuve de courage, car, voyant que ce pieu était mal enfoncé et chancelait, il l'affermit autant qu'il put en tassant du pied la terre tout autour. Mais on n'alluma le feu qu'après les avoir rendus témoins de la mort de leurs compagnons. Il y avait, en face des trois poteaux, un assez petit endroit environné d'une palissade où se tenaient les exécuteurs; chacun des douze condamnés y entra successivement, l'écrivain du navire, le pilote, les autres employés à bord de la frégate, les passagers, les marchands, et sans leur donner une minute pour se recommander à Dieu, comme on l'avait permis jusqu'alors, on leur abattit la tête d'un coup de sabre. Le feu fut mis de suite après au bois qu'on avait eu soin de placer à une assez grande distance des poteaux et dont on diminuait la quantité quand la flamme prenait un trop grand développement. Ces hommes courageux endurèrent un aussi horrible tourment près de deux heures avant de rendre le dernier soupir. Ils se tenaient immobiles et les yeux levés vers le ciel priant, et brûlés à la fois.

Le sacrifice consommé, les bourreaux entassèrent tous les corps l'un sur l'autre ; on plaça des soldats armés qui les gardèrent quatre jours et quatre nuits de suite. Et alors Gonrocu, contre toute attente, permit aux chrétiens de les enlever pour leur donner la sépulture. Ils rendirent à ces restes sacrés tous les honneurs que méritent ceux qui préfèrent donner leur tête au bourreau plutôt que de renoncer à leur foi. Le corps du Père Flores fut déposé dans la maison d'une bonne veuve où les Pères de Saint-Dominique avaient coutume de se réunir pour célébrer le saint sacrifice. D. Martin de Gova, noble portugais, acheta des bourreaux, à grand prix, celui du Père de Zuniga ; il le mit dans un coffre décent, le transporta à Macao où il fut placé dans l'église des Pères de la Compagnie de Jésus.

Le bienheureux Père Louis Fraryn ou Flores naquit à Anvers et fit ses études à Gand. Il alla pour je ne sais quelles raisons au Mexique, y renonça au monde, et entra dans l'ordre des Frères Prêcheurs. Bien longtemps après et déjà sexagénaire, il se sentit enflammé de zèle pour la conversion des infidèles et du désir de souffrir et de mourir pour Jésus-Christ. Il passa en conséquence des Philippines au Japon où il ne mit le pied que pour être brûlé vif, en haine de la foi.

Le bienheureux Pierre de Zuniga eut pour père D. Alvare de Zuniga, sixième vice-roi du Mexique, et pour mère D. Thérèse, marquise de Villamarina; il vint au monde à Séville en 1585. Il était encore assez jeune quand il renonça au siècle pour embrasser l'institut de Saint-Augustin. Il y devint un excellent religieux et un bon prédicateur. Ses supérieurs lui permirent, en 1610, d'aller aux Philippines avec plusieurs autres de ses confrères. A la nouvelle de la glorieuse mort du bienheureux Ferdinand de Saint-Joseph, et à la lecture d'une de ses lettres où il demandait des ouvriers pour cette difficile mission, il ne put contenir son ardeur et il passa au Japon. Il vit de ses yeux les misères, les souffrances et les divers genres de mort des fidèles, pendant qu'il s'employait tout entier de son côté à la gloire de Dieu et au salut des âmes. Les ordres de son provincial le ramenèrent à Manille où il apporta les relations des morts admirables d'un grand nombre de martyrs. Il plaida la cause de cette chrétienté dans le chapitre de la province, obtint d'importants secours et reprit héroïquement le chemin du Japon en compagnie du Père Louis Flores.

Nous n'avons que les noms des douze martyrs qui furent décapités. On les trouvera inscrits dans le catalogue général. Mais il nous est resté de précieuses notes sur le capitaine Jean Firaiama, célèbre même parmi les idolâtres. Le Père Antoine Iscida, de la Compagnie de Jésus, qui avait pénétré dans la prison, sous je ne sais quel déguisement, et entendu sa confession ainsi que celle de ses compagnons, raconte des choses merveilleuses de sa joie à la pensée de la bienheureuse mort qu'il attendait de jour en jour. Comme l'énergie et la force de cet homme étaient bien connues, voici à quels moyens recoururent les gardes pour s'assurer de sa personne, en le conduisant en prison. Ils l'enchaînèrent, lui renfermèrent les pieds dans des fers très-lourds, et lui placèrent sur les épaules, autour du cou, une espèce de joug fait de fer et de bois. Joachim Firaiama aimait tendrement saint Ignace, dont la vie, traduite en japonais, avait été imprimée un peu auparavant à Macao; il obtint avec Jean, le pilote, et Léon, l'écrivain de son navire, que la congrégation du saint, érigée à Nangasaki, les reçût au nombre des confrères; ils avaient pris le saint Patriarche pour leur protecteur et leur aide spirituel. Joachim écrivait à sa femme, restée à Manille, qu'il se reconnaissait redevable à saint Ignace des plus grandes grâces spirituelles; et pour mieux se disposer à son martyre, il voulut faire pendant huit jours les exercices de saint Ignace. En arrivant au bûcher, il embrassa les deux religieux; et lorsqu'on éleva en l'air les têtes des douze chrétiens décapités, il les salua en leur adressant mille louanges. Enfin, tant qu'il ne fut pas entièrement enveloppé par les flammes, il prêcha ou pria d'une voix si forte qu'on l'entendait de loin sur les barques où étaient montés une foule de spectateurs[1].

XIV

LE GRAND MARTYRE
VINGT-DEUX CONFESSEURS DE JÉSUS-CHRIST BRULÉS VIFS
ET TRENTE AUTRES DÉCAPITÉS A NANGASAKI
1622, 10 SEPTEMBRE

Le gouverneur Gonrocu avait encore à exécuter la seconde partie de la sentence, qui tombait principa-

1. Bartoli, lib. IV, n° 35.

lement sur les prisonniers de Suzuta. Il donna ordre en conséquence à Ficoiemon, premier gouverneur d'Omura, dès le commencement de septembre de cette même année 1622, de lui envoyer à un jour fixé les confesseurs de la foi qu'il devait faire brûler à Nangasaki. Ficoiemon s'empressa de lui obéir. Une troupe nombreuse de soldats et de bourreaux se rendit à la prison. Quatre de ceux-ci entrèrent dans l'enceinte intérieure. Là ils saisissaient les prisonniers l'un après l'autre, les liaient étroitement et les conduisaient en dehors des palissades, au milieu d'un grand nombre de soldats rangés en cercle les armes à la main. Pendant ces dispositions, les serviteurs de Dieu chantaient des psaumes et faisaient leurs adieux à cette chère prison qui, durant quatre années, leur avait procuré par de grandes souffrances les plus précieux mérites, et qui maintenant, par un dernier bienfait, s'ouvrait pour les laisser aller au terme de leurs désirs, la mort pour Jésus-Christ. Leur joie fut troublée quelques instants à la nouvelle que huit d'entre eux resteraient en prison. C'étaient les Pères Thomas du Saint-Esprit, dominicain; Apollinaire Franco, franciscain déchaussé, et six Japonais agrégés à l'un ou à l'autre de ces deux ordres. Toutefois la couronne du martyre ne fut pas perdue pour eux, elle fut seulement différée, comme nous le verrons.

4.

On plaça les vingt-quatre condamnés dans une grande barque qu'environnait une foule d'autres plus petites, et couvertes des soldats ds l'escorte. Ils traversèrent ainsi un bras de mer de cinq à six lieues pour arriver à Nagaia ; mais on ne s'y arrêta pas, parce que ce lieu était habité par une fervente chrétienté, qui se serait portée à la rencontre des martyrs, et, malgré les gardiens, leur aurait procuré toute espèce de soulagements. Ils trouvèrent là des chevaux qui les attendaient, et s'avancèrent de suite deux lieues plus avant.

L'ordre de leur marche mérite d'être rapporté. Trois ou quatre cents soldats, tant cavaliers que fantassins, leur servaient d'escorte, et on pourrait dire de garde d'honneur. En tête, marchait fièrement à cheval Tobinanga Giuzaiemon, un des premiers seigneurs de la cour et ministre du prince ; il était suivi de vingt lanciers et de deux lignes d'autant de fantassins, armés les uns de fusils et les autres d'arcs ; venaient ensuite les prisonniers à la file. Les soldats, le sabre au côté et un bambou ou un bâton noueux en main, les environnaient et les tenaient à distance ; ils étaient commandés par un officier à cheval. Trois principaux personnages, aussi à cheval, et accompagnés d'une arrière-garde convenable, fermaient la marche. Le Père Charles Spinola était le premier des confesseurs de la foi; les présidents voulurent encore lui rendre cet honneur le lendemain, dans leur entrée solennelle à Nangasaki; mais tous les autres furent rangés sans choix. Chacun d'eux avait une corde au cou, et, à ses côtés, un bourreau qui en tenait l'extrémité enroulée au poing. Ils arrivèrent ainsi à Uracami, distant d'une petite lieue de Nangasaki; on s'y arrêta pour y passer la nuit, et on renferma les condamnés dans une enceinte palissadée, où ils avaient le ciel pour toit et la terre pour lit. La pluie tomba pendant quelques heures par torrent, en sorte que le chef de la troupe, prenant en pitié les gardiens placés autour de la palissade, permit qu'on conduisît les condamnés à couvert, après toutefois qu'on aurait resserré leurs liens.

Ils firent le lendemain matin une légère collation, se remirent à cheval, et on s'avança, au grand jour, dans le même ordre que la veille, vers Nangasaki. Toute la route était couverte de gens venus des environs et de plus loin, pour voir ces héros de la foi, pour se montrer à eux, les saluer, et recevoir leur bénédiction; ils en recevaient encore l'exemple le plus important de tous, celui de persévérer dans la foi jusqu'à mourir pour elle.

Mais c'est au lieu de l'exécution que se trouvait une

si grande multitude de spectateurs, qu'on n'en avait jamais vu de semblable. Le rivage, près de Nangasaki, fait comme une pointe dans la mer; ses flancs unis et bas lui donnent de loin l'apparence d'une île, et le côté par lequel il se rattache à la terre est situé au pied d'une montagne. La plage n'est pas précisément basse, car le terrain se relève doucement en s'avançant vers la mer; si elle paraît telle, c'est à cause du voisinage de la montagne. Aucun lieu du monde n'est mieux disposé pour donner un spectacle visible en même temps à la plus grande réunion d'hommes que ce soit, car le sommet de cette éminence s'aperçoit en mer de trois côtés à la fois, et la montagne dont elle prolonge la base descend jusqu'à elle par une pente très-douce. Il y avait là plus de trente mille spectateurs; la ville de Nangasaki y était tout entière. A l'arrivée des confesseurs de Jésus-Christ, il s'éleva une rumeur immense et confuse de cris et de gémissements, qui étouffaient leurs voix et empêchaient d'entendre ce qu'ils prêchaient chacun de leur côté. Le Père Spinola, le premier en tête, attira d'abord tous les regards; mais cet homme, qu'on avait vu si souvent pendant tant d'années, bien peu purent le reconnaître; depuis quatre ans on ne lui avait pas permis de se couper les cheveux ni de se faire la barbe, et une maladie mortelle dont il sortait le laissait si pâle et si exténué, qu'il offrait à peine l'image d'un de ces anciens pères du désert. Cependant il était toujours beau, de cette beauté que donne la sainteté ; il inspirait la vénération à tous ceux qui le regardaient. La sérénité et l'allégresse s'épanouissaient sur son noble visage, et sa vue seule prêchait si éloquemment qu'il tirait les larmes de tous les yeux.

Il fallut attendre plus d'une heure l'arrivée de leurs compagnons de supplice qui étaient renfermés dans les prisons de Nangasaki. Ils devaient se trouver réunis au nombre de cinquante-cinq. Les premiers arrivés regardaient avec un œil plein de la joie qui débordait de leur cœur, le glorieux théâtre du sacrifice de leur vie qu'ils allaient offrir pour la foi de Jésus-Christ. Sur le sommet de la petite éminence dont nous venons de parler, on avait planté vingt-cinq grands poteaux en ligne droite de la mer à la montagne ; deux cordes pendaient du haut de chacun et devaient servir à lier les condamnés. Un seul bûcher entourait cette file de poteaux à trois brasses de distance ; le bois n'y était pas entassé, mais seulement éparpillé, afin que la flamme, en passant d'un morceau à l'autre, ne s'approchât des pieux qu'avec beaucoup de lenteur et prolongeât le tourment des confesseurs de la foi. Le féroce Gonrocu pensait que la douleur de cet affreux supplice en ferait sortir quelques-uns du feu, ou du moins leur arracherait certains gestes qui prêteraient à rire et à se moquer des chrétiens.

Une haie de gros bambous entourait le bûcher à une bonne distance et s'ouvrait du côté de la montagne; elle renfermait de plus un petit tertre placé à l'autre extrémité, vers la mer. C'était là que les préposés à l'exécution de la sentence se tenaient assis comme sur un tribunal.

Une heure venait de s'écouler, lorsque arriva l'autre bande des condamnés. Elle comptait quatorze femmes et dix-huit hommes, et parmi eux cinq petits enfants d'âge différent, de douze, de sept, de cinq, de quatre et le plus petit de trois ans. Quatre de ces victimes étaient condamnées au feu pour avoir logé des religieux, les autres à perdre la tête pour être les femmes ou les enfants des hommes qu'on avait fait mourir trois ans auparavant pour la même raison, ou bien encore pour demeurer auprès des maisons qui avaient servi de retraite aux religieux. Tous moururent donc en haine de la foi. Gonrocu les avait fait comparaître de nouveau la veille pour les engager à renier Jésus-Christ; mais ce fut en vain, et il les condamna au supplice pour le jour suivant. Lorsque les deux troupes de martyrs furent en présence, ils se saluèrent ; mais on ne leur permit pas de faire un plus long échange de leurs sentiments, parce que les chefs de la justice s'étaient déjà rendus à leur place et qu'il tombait une pluie légère.

Gonrocu ne voulut pas présider cette exécution capitale ; ce ne fut certainement pas par pitié, car il se fit remplacer par Suchendaiu, encore plus inhumain que lui, et défendit expressément qu'on usât de ménagement envers les confesseurs de la foi. Il ne fut en cela que trop fidèlement obéi. Suchendaiu entra dans la première enceinte de bambous et alla prendre place sur ce lieu plus élevé qui devait lui servir de tribunal, il fit asseoir à ses côtés les autres seigneurs qui intervenaient d'office et au nom de l'empereur dans cet acte solennel. Les lanciers de Firando se rangèrent à un bout de l'enceinte, vers la mer, et les fantassins d'Omura à l'autre bout, au pied de la montagne. On fit alors entrer les trente martyrs condamnés à avoir la tête tranchée et on les plaça directement en face des poteaux ; puis on introduisit les vingt-cinq condamnés au feu, assignant à chacun un poteau où il fut lié par le bourreau qui l'accompagnait. Jusqu'alors, les condamnés au feu avaient leurs liens serrés très-fortement, de sorte qu'ils ne pouvaient se détacher et s'enfuir ; mais ici, tout au contraire, on se contenta de leur lier légèrement les mains et avec des cordes si minces qu'elles devaient se délier ou se rompre au moindre effort ; et afin de leur donner encore plus la pensée de se dérober au feu, on avait ménagé à dessein dans le bûcher, une ouverture suffisante pour sortir facilement de ce cercle embrasé.

Aux quatre premiers poteaux, vers la mer, se trouvaient attachés les habitants de Nangasaki qui avaient donné asile aux religieux, trois hommes, Antoine Sanga, Paul Nangasci et Antoine le coréen, et une femme, Lucie de Freitas, japonaise, mariée à un portugais ; puis venaient les religieux de la prison de Suzuta ; en premier lieu le Père Charles Spinola, et, sans aucun ordre, les trois Pères dominicains Ange Orsucci, Joseph de Saint-Hyacinthe et Hyacinthe Orfanel. Le Père Sébastien Kimura les suivait, et après lui six religieux dominicains ou franciscains, les Pères Richard de Sainte-Anne, Alphonse de Mena, Pierre d'Avila, le Frère Vincent de Saint-Joseph, le Père François Morales, Léon de Satzuma ; cinq religieux de la Compagnie de Jésus leur succédaient, Antoine Kiuni, Gonsalve Fusai, Thomas Acafosci, Pierre Sampo, Michel Xumpo ; après ce dernier trois Japonais qui se sauvèrent du feu ; enfin le Frère Louis Carava et le Frère Alexis, choriste et profès de l'ordre de Saint-Dominique qui était le dernier. On les voit ainsi rangés dans une peinture japonaise, faite par un témoin oculaire, et qui s'est conservée. Dans ces vingt-deux religieux il y avait huit prêtres européens et un frère lai de Saint-François; les autres étaient japonais, comme trois autres encore qui furent décapités, faute d'un nombre suffisant de poteaux; parmi eux se trouva notre frère Jean Ciungocu. Ils portaient tous l'habit de leur Ordre.

Il n'y avait plus qu'à tirer le glaive pour les uns et allumer le feu pour les autres, quand le Père Spinola entonna le psaume *Laudate Dominum omnes gentes*. Tous les confesseurs de la foi le continuèrent, les regards élevés vers le ciel et avec une harmonie si céleste que les fidèles attendris fondirent en larmes. Gonsalve Montero de Carvalho, qui était sur les lieux, fit à ce sujet une déposition juridique dont voici un extrait pris dans les procès-verbaux de Manille : « Le témoin dit qu'il a été très-attentif à ce chant des serviteurs de Dieu, qu'il n'a cessé jusqu'à ce jour de s'en émerveiller et de se demander ce qu'il pouvait être. Il a entendu depuis son enfance beaucoup de musique sacrée et profane, jamais il n'en a entendu de plus suave ni de plus harmonieuse. Il le répéta ce jour-là même avec admiration à ses amis, il l'a redit encore à d'autres : il est persuadé que les anges s'unissaient aux chants de ces saints qui allaient entrer dans la possession de Dieu. Beaucoup d'autres assistants pensaient comme lui, et il croit que c'était une persuasion commune. »

Le Père Charles Spinola, qui voyait Sukendaiu et ses assesseurs proche de lui, du côté de la mer, se tourna vers eux et leur adressa la parole en très-bon japonais; il chercha à les détromper de cette erreur, admise à la cour, que les ministres de l'Évangile venaient s'emparer des esprits par le moyen de la religion pour livrer ensuite le pouvoir aux mains des Européens. Il montra en terminant combien la joie de tous ces prêtres dans d'horribles tortures était une preuve évidente que nul intérêt humain ne les avait conduits au Japon, que leur seul motif était le bonheur éternel assuré aux fidèles serviteurs de Dieu après cette vie; et qu'il n'aurait pu autrement lui-même soutenir au milieu d'eux vingt années de travaux et de souffrances. Ce qu'il dit ensuite aux Portugais dans leur langue fit une si forte impression sur l'un d'eux qu'il écrivit au Père Benoît Fernandez: « Les paroles du saint homme m'allèrent tellement au cœur que si la Compagnie de Jésus avait eu une maison au Japon, je m'y serais retiré pour quitter le monde et donner le reste de ma vie au service de Dieu. » Le Père Spinola leur rappela enfin à tous que ces hommes qui allaient être brûlés à petit feu étaient de chair et non point de pierre, qu'on ne devait donc pas regarder comme venant d'une volonté chancelante quelques signes de douleur échappés involontairement à la nature. Plus d'un motif le portait à parler ainsi, comme nous le verrons bientôt. Les Pères François de Morales, Ange Orsucci, Hyacinthe Orfanel et Joseph de S. Hyacinthe parlèrent aussi de leur côté, mais on n'en a retenu que des choses trop confuses pour être rapportées. Les bourreaux entrèrent ensuite et tirèrent leur sabre sur la tête des trente chrétiens, qui, agenouillés sur une seule ligne et le visage tourné vers les poteaux, attendaient dans la prière le moment de leur supplice. Sukendaiu les fit d'abord exécuter, dans la pensée que les vingt-cinq autres se laisseraient abattre à la vue de cette boucherie, et n'auraient pas le courage de braver le tourment du feu.

Au nombre des trente victimes à décapiter se trouvait Élisabeth Fernandez, veuve de Dominique Georges, hôte du Père Spinola et qui pour cela seul fut brûlé vif au mois de novembre de l'année 1619, ainsi que nous l'avons dit en son lieu. Élisabeth avait mis au monde un nouvel enfant quelques mois avant l'emprisonnement de son mari, le Père Spinola l'avait baptisé et nommé Ignace. Or l'enfant et sa mère devaient mourir, d'après la nouvelle loi de Xongun, l'un comme fils, l'autre comme femme d'un hôte des Pères. Élisabeth à la vue des exécuteurs s'inclina vers le Père Spinola et lui adressa le dernier adieu. Celui-ci en la saluant à son tour ne vit pas l'enfant qui, à genoux auprès de sa mère et âgé à peine de quatre ans, était caché par le bois du bûcher placé entre eux deux : « Où est notre petit Ignace? demanda-t-il. » « Ici avec moi, reprit sa mère, et l'élevant sur ses bras : Regarde là, lui dit-elle, ton père Charles, qui s'est souvenu de toi et demande où tu es, incline-toi vers lui et prie-le de te bénir. » Ce qu'Ignace fit d'un air affectueux. Alors le Père, dont les mains étaient liées, leva la tête et les yeux au ciel, puis les abaissa sur l'enfant en signe de le bénir, et parut rempli d'une extrême consolation. A ce spectacle les assistants fondirent en larmes et poussèrent des cris d'admiration à la vue de l'intrépidité et de cette mère et de cet enfant dont la beauté, la modestie, l'assurance, le riche vêtement avaient attiré tous les regards dès son entrée dans l'enceinte. Le petit Ignace comprenait bien pourquoi il se trouvait là. Sa fermeté si courageuse n'était pas chose de son âge, c'était un effet du Saint-Esprit, comme on le vit au moment même de son exécution. On en est moins surpris quand on sait ce qui avait eu lieu les années précédentes et dont toute la ville de Nangasaki était instruite.

Le jour de la naissance de cet enfant, ses dignes parents, Dominique et Élisabeth, le consacrèrent à Dieu de commun accord, s'en désapproprièrent et le donnèrent au Père Spinola, afin que, parvenu à l'âge convenable, il entrât dans la Compagnie de Jésus; et pour perpétuer le souvenir de cet acte, ils le nommèrent Ignace. Le Seigneur, à ce moment, lui accorda mieux que la grâce de vivre avec le Père Spinola; il lui donna celle de mourir avec lui; et il faut croire que cet enfant prédestiné en eut une sorte de révélation proportionnée à son âge. En effet, après le martyre de son père, brûlé à petit feu, Ignace commença à dire en balbutiant, et ne cessa plus de répéter, que lui aussi serait martyr. Il ajoutait à sa mère : Je serai martyr, et vous, ma mère, vous le serez, mais ma sœur ne le sera pas. La prédiction s'accomplit. Lorsqu'il faisait de petits cadeaux aux amis et aux connaissances de la famille, selon l'usage des Japonais, il ne manquait pas de leur dire : Gardez bien précieusement ce que je vous donne, un jour ce seront des reliques. Et si on lui demandait comment cela se ferait : C'est, ajoutait-il, que je serai martyr; puis il racontait de très-beaux songes à ce sujet dont il restait vivement impressionné.

D'autres fois quand il voyait un sabre : c'est une arme comme celle-là, disait-il, qui me coupera la tête et me fera martyr, alors sa joie était si grande que les idolâtres eux-mêmes n'en revenaient pas d'étonnement. Élisabeth sa mère avait été baptisée par le Père Pierre Gomez, huit jours après sa naissance; elle vécut saintement jusqu'à son martyre qu'elle endura dans sa vingt-cinquième année. Ne doutant pas que son enfant ne fût inspiré du ciel, elle se regardait à cause de sa promesse comme aussi assurée que lui de mourir pour la foi et elle travailla toujours dès lors à s'y préparer. Elle marcha au martyre l'âme toute fixée en Dieu, revêtue de ses plus précieux habits comme en un jour de fête, portant un crucifix d'une main et un chapelet de l'autre; et, en entrant dans l'enceinte, elle chanta d'une voix haute le *Laudate Dominum omnes gentes*. Elle s'estimait plus heureuse encore de la mort de son Ignace que de la sienne propre, aussi ajouta-t-elle au Père Spinola après le lui avoir montré : « Voilà bien la plus chère victime que je puisse offrir à Dieu et je la lui offre d'autant plus volontiers à cause de cela même. » Quand elle vit le bourreau s'approcher le sabre nu, elle leva la main, comme avait fait son mari, en signe de persévérance dans la foi, elle agita son mouchoir pour prendre congé des chrétiens et offrit sa tête aux bourreaux. Ignace la vit rouler à ses pieds, à la suite de deux ou trois autres, il ne se laissa pas troubler à cet affreux spectacle, mais il se mit à genoux, croisa ses petites mains sur la poitrine et avança promptement la tête qui tomba du premier coup. Cette tête et les vingt-neuf autres furent exposées à la vue du peuple sur une planche soutenue en l'air par de longs pieux.

Cette première exécution terminée, les bourreaux mirent le feu aux broussailles qu'on avait éparpillées en plusieurs endroits du bûcher. Alors toute cette grande multitude de fidèles répandue sur la montagne et sur la mer poussa des cris vers le ciel, demandant à Dieu avec ferveur de rendre ses vingt-cinq serviteurs victorieux de leur horrible supplice. Le bruit de tant de milliers de voix était si confus et si fort qu'on n'a pas pu se rendre compte des paroles que nos martyrs adressaient tantôt à Dieu, tantôt aux assistants pendant qu'ils étaient consumés par le feu. Comme les morceaux de bois étaient éloignés de trois brasses des patients, qu'on les avait mis en assez petite quantité et que la pluie de la nuit précédente les avait mouillés, ils prenaient feu avec peine et donnaient une flamme peu ardente, en sorte que les serviteurs de Dieu brûlaient eux-mêmes bien difficilement et enduraient d'effroyables douleurs au-dessus de toutes les forces de la nature. Trois malheureux Japonais ne le montrèrent que trop ; car, ainsi que l'avait prédit le Père Spinola dans la prison, abandonnés justement de Dieu par leur faute, ils brisèrent leurs liens, à la première vue des flammes et sortirent de l'enceinte en invoquant Amida comme signe de leur abjuration. Ils n'en excitèrent pas plus pour cela la pitié du président qui les fit plusieurs fois rejeter dans les flammes où ils périrent enfin malgré eux [1].

La joie que ressentaient les idolâtres de la faiblesse des trois apostats, devait être peu de chose en présence du courage de ces vingt-deux chrétiens qui restaient immobiles à leur poteau, sans donner

[1]. On dit qu'un d'eux n'a pas été entendu invoquer l'idole, et on affirme même que le repentir le fit rentrer dans le feu. Néanmoins ni lui ni les deux autres ne furent comptés au nombre des martyrs. Bartoli regarde Paul Nangaxi comme un des trois apostats, c'est une erreur manifeste. La peinture japonaise dont nous avons parlé, et qui est due à un témoin oculaire, représente distinctement la disposition des martyrs ; or, on voit Paul Nangaxi lié à son poteau, à l'extrémité opposée des trois poteaux restés vides. D'ailleurs on lit dans les dépositions relatées aux procès-verbaux que les trois renégats en remontant à l'autre extrémité pour se présenter au président passèrent devant Paul Nangaxi qui s'avança un peu vers eux et les exhorta vivement à la constance, puis, quand ils furent passés, se remit à son poteau et y mourut courageusement au milieu des flammes. Tous les témoignages et toutes les relations que nous avons sont unanimes sur ce point.

aucun signe de douleur; et cependant ils étaient brûlés si lentement que les uns n'expiraient qu'au bout d'une heure et demie, les autres de deux heures, et un d'eux souffrit trois heures consécutives. Le Père Charles Spinola mourut le premier; il avait à peine un souffle de vie, consumé qu'il était par les souffrances de sa longue prison et de sa dernière maladie; de plus le feu se mit à son habit qui s'embrasa par derrière, l'enveloppa de ses flammes et mit fin à ses jours. Ce glorieux martyre eut lieu un samedi, le 10 de septembre; le grand nombre de ses victimes, on en compte cinquante-deux, lui fit donner le nom de grand martyre et la colline où il s'accomplit se nomma le Lieu-Saint ou la Montagne-Sainte. Tous les corps des martyrs brûlés vifs ou décapités restèrent là pendant trois jours, sous bonne garde, afin d'épouvanter les chrétiens. Ils furent réduits en cendres qu'on entassa dans des sacs et qu'on jeta au fond de la mer.

Faisons une courte revue, au moins des religieux. Il y avait huit Dominicains, cinq prêtres et trois choristes profès. Le Bienheureux Père François de Morales, né à Madrid, s'employa pendant vingt ans sans repos à la conversion des Japonais. Il bâtit deux églises dans le royaume de Satzuma, la persécution l'en chassa en 1608, il se retira dans le royaume de Figen et il fonda une église et un couvent à Fuximi. Obligé de fuir en 1614 il vint à Nangasaki, il travaillait dans les environs au salut des âmes quand il fut arrêté par les persécuteurs.

Le Bienheureux Père Ange Orsucci était italien d'une famille noble, il reçut le jour à Lucques le 8 mai 1573. Il entra fort jeune au couvent des dominicains de cette ville et y fit profession en 1589. On l'envoya en Espagne terminer ses études théologiques où il prit le nom de Ferrer à cause de sa grande dévotion à saint Vincent Ferrer ou Ferrier. Tous ceux qui le connaissaient le regardaient comme un saint et lui en donnaient le nom à cause de ses vertus admirables et en particulier de sa profonde humilité. Son désir de propager la foi parmi les idolâtres le fit passer aux Philippines et au Japon. Il y arriva pendant que sévissait la persécution et il fut obligé de rester caché dans la maison de Côme de Corée, mais il fut pris en 1618. Le Bienheureux Père Spinola en parle souvent dans ses lettres, il fut son compagnon de prison pendant quatre ans. Il mourut à l'âge de quarante-neuf ans.

Le Bienheureux Alphonse de Mena né à Logrono, en Espagne, embrassa l'ordre des Frères Prêcheurs dans le couvent de Salamanque. Il était cousin du Bienheureux Pierre Navarrete dont il a écrit la mort.

Après avoir travaillé dans plusieurs royaumes, il se retira à Nangasaki, logea chez le gouverneur qui était alors chrétien, d'où il sortait, la nuit, autant qu'il le pouvait, pour aller au secours des âmes. La persécution croissant, il fut obligé de passer de retraite en retraite, souffrant de cruelles privations et au milieu de continuels dangers jusqu'à ce qu'il tombât au pouvoir des ennemis de la foi.

Le Bienheureux Père Joseph de Saint-Hyacinthe était aussi espagnol et né à Villaréal de Salvanes dans la Manche. Il fut vicaire provincial de son ordre au Japon. Ses prédications apostoliques opérèrent un grand nombre de conversions à Méaco et à Ozaca, où il avait fondé un couvent avec son église, et établi de très-utiles confréries parmi les fidèles. Il parlait si bien la langue japonaise que les Espagnols le prenaient souvent pour interprète près de l'empereur. Du poteau où il était lié il parla longuement aux chrétiens présents, pour les exhorter à l'observation de la loi divine et à la dévotion envers la très-sainte Vierge qu'il aimait du plus tendre amour.

Le Bienheureux Père Hyacinthe Orfanel, aragonais, naquit à Iana dans le royaume de Valence, le 8 novembre 1578, et entra dans l'ordre de Saint-Dominique à Barcelone. Les témoignages qu'on a rendus de lui dans les procès-verbaux montrent qu'il avait une inépuisable charité pour les pauvres. C'était un homme plein d'énergie pour l'honneur de Dieu et le salut des âmes. Apprenant que dans le royaume d'Arima les chrétiens couraient les plus grands dangers de la part de l'apostat D. Michel., il n'hésita pas à exposer sa vie, et il s'y rendit de suite pour les soutenir dans leur foi.

On fit mourir en haine de la foi avec ces Bienheureux Pères trois clercs choristes du même ordre, Alexis, Dominique et Thomas. Ils étaient japonais, s'étaient consacrés au service de l'Église et aidaient les Pères depuis plusieurs années à catéchiser les néophytes ; on les admit dans la prison à la profession religieuse en récompense de leurs services. Alexis fut brûlé vif et les deux autres décapités, faute de poteaux. On voit dans les procès-verbaux que Thomas excita par sa jeunesse et sa beauté l'intérêt du gouverneur qui pour lui sauver la vie l'engagea à nier qu'il eût connu les Pères. Mais il répondit avec une admirable simplicité : « Et comment pourrais-je le faire sans offenser Dieu par un mensonge ? Je sais qu'ils sont religieux, non-seulement je les ai connus comme tels, mais j'ai même été leur compagnon et leur aide dans la conversion des âmes. » Il trouva la récompense de sa généreuse confession dans la prison et la mort.

Les Franciscains comptent deux prêtres, un frère lai, et trois confrères du Tiers-Ordre. Le premier d'entre eux est le Bienheureux Père Richard de Sainte-Anne né à Ham-sur-Heure en Belgique dans l'année 1585. Il avait été enlevé, dit-on, dans sa première enfance, par un loup qui l'avait déjà transporté assez loin, quand il échappa à sa dent, sans aucune blessure, après avoir invoqué sainte Anne. C'est ce qui lui en fit plus tard prendre le nom. Il exerçait l'état de tailleur à Bruxelles en 1604, lorsqu'apprenant la malheureuse mort d'un jeune débauché de sa connaissance, il résolut de se consacrer à Dieu, devint frère lai de Saint-François, à Nivelles et fit profession le 22 avril 1605. Sa grande vertu et son habileté à manier les affaires le firent envoyer à Rome. Là il connut le Père Jean le Pauvre qui était à la recherche de missionnaires pour le Japon, on lui permit de le suivre, c'est ainsi qu'il passa au Mexique et l'année suivante en 1611 aux Philippines avec le Père Pierre Mathias, commissaire et évêque élu de Zebu. Les grandes qualités du Frère Richard déterminèrent alors les supérieurs à le faire monter du degré de frère lai à celui de clerc. Il fut ordonné prêtre à la fin de ses études de théologie et envoyé au Japon en 1613. La persécution générale qui éclata l'année suivante, le contraignit à retourner à Manille ; il rentra deux années plus tard au Japon, déguisé en marchand et se dévoua au secours des chrétiens persécutés. En 1621, quand les perquisitions se multipliaient de toute part pour saisir les religieux, il fut prévenu en secret par un Père de Saint-Dominique de fuir ailleurs sans aucun retard. Mais le saint homme, logé alors dans la maison de Lucie Freitas, n'eut pas le courage de laisser les chrétiens qui étaient venus pour se confesser ; il fut saisi dans l'exercice de son ministère, conduit à la prison de Nangasaki, ensuite à celle d'Omura d'où il écrivit aux Pères de Nivelles.

Le Bienheureux martyr Pierre d'Avila, naquit à Palomares dans la Castille, vers l'an 1502. Il prit l'habit de Saint-François à la fleur de l'âge, dans la province de Saint-Joseph. Il se joignit en 1617 au Bienheureux Père Louis Sotelo, et s'embarqua avec lui pour les Philippines, puis il passa au Japon avec quatre de ses confrères en 1619. Il courait çà et là sous divers déguisements, pendant la persécution, pour inspirer du courage aux fidèles. Il fut arrêté à Nangasaki, le 17 septembre 1620, chez Dominique et Claire Iamada qui lui donnaient asile. Il soutint, avec une force invincible, deux années d'étroite prison où il eut continuellement à souffrir la faim, la soif et de graves maladies.

Le Père Pierre d'Avila eut pour compagnon de ses travaux, au Mexique et au Japon, le Bienheureux Vincent de Saint-Joseph, né à Ayamonte, et admis dans la Nouvelle-Espagne, comme frère lai, au nombre des religieux de Saint-François. C'était l'observateur le plus exact de la règle, et il trouvait son bonheur à remplir les emplois les plus vils de la maison. Sa beauté et la grâce de ses manières lui firent rencontrer de grands obstacles pour son salut, mais il en triompha toujours par la pratique d'une mortification continuelle. Il aborda au Japon en 1619, et s'employa tout entier, sous la direction des Pères, à l'instruction des fidèles; il avait sans cesse sous les yeux la mort dont le menaçait la fureur de la persécution.

Léon de Satzuma, né dans un village de ce royaume, fut le catéchiste du bienheureux Richard. Il appartenait au tiers-ordre de Saint-François, et employa toute son activité et toute son industrie au service des Pères dans leur saint ministère. Il eut le courage d'aller trouver, de lui-même, le gouverneur de Nangasaki, et de se déclarer le compagnon du Père Richard, déjà emprisonné. On s'y prit de plusieurs manières pour lui faire abandonner la foi, mais il resta inébranlable, et c'est ainsi qu'il mérita la même couronne.

Lucie de Freitas, cette femme d'un cœur viril et d'un vertu héroïque s'il en fut, appartenait au tiers-ordre de Saint-François. Japonaise de naissance, mais mariée à Philippe de Freitas, Portugais, elle se rendit remarquable dès ses premières années par sa grande piété. Fréquentant les sacrements, adonnée à l'oraison, unie à Dieu par un recueillement habituel, pleine de charité pour les pauvres et les malades, qu'elle visitait dans l'hôpital et qu'elle pourvoyait du nécessaire, elle était le modèle de la chrétienté. Devenue veuve elle mena une vie toute céleste, dans une exercice continuel de la prière et de la mortification. Elle portait un horrible cilice et jeûnait fréquemment. Sa maison était ouverte en temps de persécution à tous les religieux, elle les accueillait et les cachait pour les soustraire aux perquisitions. Apprenant que l'apostat Jean Feizo cherchait à ébranler la fidélité d'un chrétien, elle va le trouver intrépidement, et lui reproche son impiété. Menacée par ce renégat d'un châtiment sévère, elle tire de son fourreau le sabre d'un des assistants, le présente à Feizo et lui dit : « Frappe, fais de moi ce qui te plaira. » Elle fut citée plus tard au tribunal pour avoir donné l'hospitalité au Père Richard; elle confessa la foi, fut condamnée à mort, et tirant alors le crucifix qu'elle portait sur la poitrine : « Oh! que c'est bien volontiers, dit-elle, que je mourrai pour l'amour de mon Dieu.»Elle fut retenue prisonnière dans sa maison pendant une année. Quand on la conduisit au supplice, elle se mit à la tête des autres femmes, arborant la croix et chantant les litanies. Elle soutint le tourment du feu à l'âge de quatre-vingts ans avec une force invincible.

La Compagnie de Jésus compte neuf de ses religieux et deux catéchistes dans ce martyre. Commençons par le Bienheureux Père Charles Spinola. Sa naissance le rattachait à la branche des comtes de Tassarolo; il était né à Gênes en 1564, ou à Prague qu'habitait alors son père Octave Spinola, officier supérieur de cavalerie au service de l'empereur Rodolphe. Sa première jeunesse s'écoula à Nole, près de son oncle Philippe, cardinal et évêque de cette ville, dans les études et les exercices qui convenaient à un jeune homme de son nom. La nouvelle de la glorieuse mort du Père Rodolphe Aquaviva, tué dans les Indes par les barbares, étant parvenue à Naples, en 1584, Charles en fut si touché qu'il se sentit le plus ardent désir de marcher sur ses traces. Il demanda de suite à entrer dans la Compagnie de Jésus, ce qui eut lieu le 21 décembre de cette même année 1584. Il fit sa seconde année de noviciat à Lecce où il eut avec le vénérable Père Bernardin Realino, les communications les plus intimes. Il retourna à Naples, y suivit le cours de philosophie en compagnie de saint Louis de Gonzague qu'on y avait envoyé pour remettre sa santé épuisée. C'est à Milan qu'il acheva ses études de théologie et fut ordonné prêtre. Il prêchait les exercices spirituels à Crémone et était tout occupé à en recueillir les heureux fruits, quand il reçut du général de la Compagnie la bonne nouvelle de sa destination à la mission du Japon, qu'il avait demandée plusieurs fois. Il se rendit sans aucun retard à Gênes, et renversant les mille obstacles que sa famille créait pour le retenir, il s'embarqua avec Jérôme de Angelis, qui n'était pas encore prêtre, pour Lisbonne, d'où ils firent voile vers les Indes, le 10 avril 1596. Une formidable tempête les assaillit au cap de Bonne-Espérance, et les força de se diriger vers le Brésil; une autre les atteignit encore près de l'île de Tercère. Là ils se virent capturés par un navire anglais qui les conduisit prisonniers en Angleterre. Lorsqu'ils furent rendus à la liberté, ils revinrent à Lisbonne, où ils durent attendre pendant un an un nouveau passage aux Indes. Le Père Charles Spinola fit dans cet intervalle la profession des quatre vœux. On mit à la voile dans le courant de mars 1599. On relâcha comme d'ordinaire, à Goa, à Malaca, à Macao et enfin le Père Spinola et son inséparable compagnon le Père de Angelis, arrivèrent au terme désiré de ce voyage si long, si traversé, qui leur demanda plus de six années. Ils débarquèrent à Nangasaki, en juillet de l'année 1602; le Père Charles étudia la langue japonaise à Arima jusqu'au mois d'octobre 1605, et il put enfin se mettre à l'œuvre. On lui confia le gouvernement spirituel des populations des îles d'Aria, éparses et divisées en une centaine de villages et de fermes. Il passa ensuite plus de cinq ans à Méaco, où on lui doit la fondation d'une congrégation choisie de catéchistes et le baptême de quatre à cinq mille idolâtres instruits par lui-même. En 1611, les supérieurs le contraignirent à prendre la charge de procureur de la province et de plus à aider le provincial dans son office de vicaire chargé de l'administration de l'évêché. Il remplit ces deux emplois pendant sept années avec une grande consolation de cœur, parce qu'ils le contraignaient, quelque précaution qu'il prît, à se faire connaître d'un grand nombre de personnes et l'exposaient ainsi davantage à tomber entre les mains des persécuteurs et à cueillir cette palme du martyre que lui avait prédit dans sa jeunesse le Père Barthélemy Ricci, recteur du collége de Nole. Nous ne dirons rien de sa sainte vie et de ses héroïques vertus, d'autres auteurs en ont amplement parlé; il avait cinquante-huit ans d'âge et trente-huit de religion lorsqu'il mourut.

Le Bienheureux Père Sébastien Kimura fut un homme illustre à bien des titres. Il était neveu du premier Japonais converti et baptisé par saint François Xavier. Il fut le premier prêtre de cette nation : l'évêque D. Louis Cerqueira l'ordonna à Nangasaki, en septembre 1601. Il fut enfin le premier prêtre japonais qui eut la gloire de mourir martyr pour Jésus-Christ, et cette gloire parut être un héritage dans sa famille. Son cousin, le Frère Léonard Kimura, religieux lui aussi de la Compagnie de Jésus, avait été brûlé vif, trois ans auparavant, dans le même lieu. Antoine Kimura et Marie, femme d'André Tocuan, qui étaient de sa famille, furent aussi mis à mort en haine de la foi. Le Père Sébastien naquit à Firando de parents chrétiens, et se dévoua, dès l'âge de douze ans, au service de l'Église; on l'envoya au séminaire de Bungo; quand il eut atteint l'âge de dix-neuf ans, il vit ses vœux exaucés et prit l'habit de la Compagnie de Jésus. Les supérieurs le chargèrent, à Méaco, après son noviciat, d'instruire les néophytes des mystères de la foi, ce qu'il fit ensuite dans le Ximo. Enfin, après avoir achevé ses études de théologie au collège de Macao, il rentra au Japon où il fut ordonné prêtre et s'appliqua tout entier au ministère apostolique. Ses missions étaient toujours les plus périlleuses; il allait, comme Japonais, là où les prêtres européens ne pouvaient pas rester cachés. C'était une industrie particulière de sa charité de savoir se déguiser si parfaitement, qu'il pouvait pénétrer dans les prisons, y entendre les confessions des serviteurs de Dieu et les animer au martyre. Il avait, comme on l'a écrit, tout ce que la nature et l'éducation japonaise renferment de bon et rien de ce qu'elles contiennent de mauvais. Il était courageux, d'un cœur fait pour les grandes choses, grave et d'excellent jugement ; ses manières étaient affables et modestes. Son supplice dura trois heures, tant le feu brûlait lentement; il mourut le dernier de tous. Il avait cinquante-sept ans d'âge, trente-trois de religion et avait fait les vœux de coadjuteur spirituel.

Sept Japonais très-fervents moururent avec les Pères Spinola et Kimura. Ils firent leur noviciat dans la prison, sous la direction du Père Spinola, et prononcèrent entre ses mains les vœux qui les liaient à la Compagnie de Jésus. Les quatre premiers Antoine Kiuni, Pierre Sampo, Gonsalve Fusaï et Michel Xumpo suivirent les Pères en exil à Macao, en 1614. Ils résolurent entre eux, à leur retour, en 1619, de mener une vie tout à fait pieuse. Ils s'accommodèrent en conséquence une cabane de pieux et de feuillage sur une colline voisine de Nangasaki, puis s'y retirèrent pour vivre en ermites dans la solitude, et vaquer continuellement aux exercices de la prière et de la pénitence. Ils ne sortaient que de temps à autre, pour visiter les malades et pour prêcher l'Évangile. Les gouverneurs les citèrent à leur tribunal, et les trouvant inébranlables dans la foi, les jetèrent dans une horrible prison. Gonrocu les fit comparaître de nouveau en 1621. On les examina l'un après l'autre ; on les sollicita de renier Jésus-Christ, en employant et les promesses et les menaces; et comme on n'aboutissait à rien, on les envoya garrottés à la prison de Suzuta où le Père provincial avait déjà donné au Père Spinola l'autorisation de les recevoir dans la Compagnie de Jésus. Ils étaient dignes de cette grâce à tous égards.

Antoine Kiuni était né dans le royaume de Micava, et avait cinquante ans. Il servit de catéchiste à plusieurs Pères et se fit, par toute sa conduite, une grande réputation d'humilité et de zèle.

Pierre Sampo naquit de parents nobles, dans le royaume d'Oxu. Ses qualités naturelles lui gagnèrent la bienveillance des princes de cet état. Comme il voulait entrer dans la Compagnie de Jésus, il résolut de mener la vie des novices de cet Ordre aussi parfaitement que possible; en conséquence, il se démit de plusieurs charges honorables, vint à Nangasaki, se rasa la tête en signe de renoncement complet au monde, s'arrangea une hutte auprès du noviciat de la Compagnie, et y donna tout son temps aux exercices spirituels. Il avait quarante ans passés quand il offrit à Dieu le sacrifice de sa vie.

Michel Xumpo, du royaume d'Oari, appartenait à Dieu avant même sa naissance, car son père et sa mère avaient promis, par vœu, de donner leur premier fils aux ministres de Jésus-Christ pour le service de l'Eglise. Ils le conduisirent dès l'âge de neuf ans aux Pères de la Compagnie de Jésus à Méaco. On le garda trois ans au service de l'autel, puis on l'envoya au séminaire d'Arima. Sa grand'mère ne manquait jamais de faire brûler, le samedi, deux cierges sur l'autel, demandant à la très-sainte Vierge que la vie de son petit-fils fût une lumière qui se consumât au service de la foi. Elle obtint encore plus qu'elle ne demandait, puisque Michel mourut martyr de Jésus-Christ à l'âge de trente-trois ans.

Gonsalve Fusaï, âgé de quarante ans environ, naquit dans le royaume de Bigen, et fut attaché, pendant un grand nombre d'années, à la cour du prince qui le gouvernait. Il s'offrit, après son baptême, aux Pères de la Compagnie de Jésus pour leur servir de catéchiste. Cet homme, de nature fière et ardente, était devenu un modèle de douceur et de patience.

Trois autres furent ensuite adjoints à ces quatre premiers : Thomas Acafoxi, d'une famille noble du royaume de Fingo. Il avait plus de cinquante ans et était catéchiste du Père Kimura. Louis Cavara, âgé de quarante ans. Il avait été, dès sa jeunesse, page de D. Jean, roi d'Arima, puis élevé à un emploi supérieur sous D. Michel, jusqu'à ce que ce prince, devenu apostat et persécuteur, le chassa de sa cour et lui confisqua tous ses biens. Il se retira à Nangasaki, se mit tout entier sous la conduite des Pères de la Compagnie, et les aida dans leur ministère jusqu'à ce qu'il fut arrêté. Jean Kingocu d'Amanguchi. C'était bien l'âme la plus douce et la plus innocente qui fût au Japon. Il avait connu les Pères vingt ans auparavant et n'avait plus jamais voulu s'en séparer. Il fut le compagnon du Père Pasio, visiteur à Cingiva, dans le royaume d'Arima, et à Nangasaki, puis le compagnon et le catéchiste du Père Spinola, avec qui on l'arrêta. Faute de poteau, il fut décapité.

Antoine de Corée, du nom de son pays, catéchiste et hôte du Père Kimura, était un de ces anciens chrétiens qu'on avait gagnés à la foi dans la guerre de Corée. Sa femme et ses enfants périrent avec lui.

Antoine Sanga était de très-noble race et cousin

du Prince de Sanga dont il portait le nom. Il fut baptisé à Sacai, par le Père Louis Froes, puis élevé au séminaire et ensuite reçu dans la Compagnie de Jésus, où il se sentait appelé de Dieu. Mais de graves et continuelles maladies ne lui permirent pas d'achever les deux années de noviciat. Il retrouva la santé hors du cloître; et comme il ne pouvait plus y rentrer parce qu'il s'était marié, il se dévoua complétement au service des Pères de la Compagnie de Jésus, de Saint-Dominique, et de tout autre prêtre qui avait besoin d'un catéchiste. Pour prévenir un scandale parmi les fidèles, il se présenta devant Gonrocu sans avoir été accusé ni recherché, il lui rendit compte de sa vie et de ses œuvres au service de la foi; cette démarche lui valut la prison pour le présent et plus tard la mort avec sa femme, personne d'une vertu remarquable. Lorsque sa sentence fut prononcée, il voulut donner une nouvelle preuve de son affection pour la Compagnie de Jésus en s'offrant à elle comme esclave, puisqu'il ne pouvait pas le faire comme fils. Voici sa lettre au Père provincial : « Moi, l'esclave de la Compagnie de Jésus, j'écris la présente lettre avec tout le respect et la soumission que je puis. En recherchant en moi-même d'où me vient le bonheur si inespéré de mourir pour la foi, je trouve que je le dois, après Dieu, à la Compagnie de Jésus.

Je l'ai d'abord servie pendant neuf ans, puis j'en ai fait partie, et quoique forcé par ma mauvaise santé d'en sortir, je n'ai jamais oublié combien grandement je lui suis redevable. Si j'ai cherché à aider le prochain de tout mon pouvoir par la lecture des livres spirituels et l'explication du catéchisme; si depuis que je suis dans cette prison, j'ai donné le baptême à trente-deux infidèles et enseigné les prières à un grand nombre; si j'ai fortifié le courage de ceux qui étaient captifs avec moi pour Jésus-Christ, tout cela appartient à la Compagnie de Jésus : je le lui dois car elle m'a enseigné à faire ainsi. Aussi je ne pense, jour et nuit, qu'aux grands biens que j'ai reçus dans la Compagnie. Mes aïeux Paul Sampacu et Georges Giofengi étaient tellement de la Compagnie de Jésus qu'ils paraissaient n'avoir de pensée et d'affection que pour elle. Et moi leur parent, tout indigne que j'en sois, j'ai été forcément porté à toujours parler des vertus et des louanges de Saint-Ignace. Elevé au milieu de sa famille religieuse, je me réjouis du genre de mort si saint qui m'est échu, parce que la gloire lui en revient. Mais il y a une chose, une seule, qui voile toutes ces joies dans mon cœur, c'est le souvenir de ma sortie de la Compagnie; j'en ai alors ressenti une peine telle que je me regardais comme Adam chassé du paradis terrestre. Il devait être affligé comme moi, et moi, je l'étais comme lui. Ah! si du moins, au moment de la mort, je me retrouvais le frère des enfants de Saint-Ignace, comme je le fus un jour! Ma femme et mes enfants m'en ôtent la possibilité, mais Dieu sait mon désir. Qu'on me reçoive donc au moins comme esclave, c'est la dernière grâce que je demande à Votre Révérence, l'obtenir sera l'unique et souveraine satisfaction qui me reste à goûter sur la terre. »

Nous serions conduits trop loin s'il fallait faire une mention spéciale des autres martyrs qui furent décapités. On voit parmi eux Jean Xiquiro, âgé de soixante ans; Paul Tanaca et Marie, sa femme; Apollonie, tante ou grand'mère de Gaspard Cotenda dont nous parlerons, femme d'un âge respectable, et qui descendait des rois de Firando; Madeleine, femme d'Antoine Sanga, d'une illustre naissance, et baptisée, dans sa première enfance, à Sacai, par le Père Organtin; Marie, femme d'Antoine de Corée, avec ses deux fils, Jean et Pierre; le premier de douze ans, et le second de trois; et une autre Marie, veuve d'André Tocuan, brûlé vif quatre ans auparavant, femme de famille noble et de piété solide. Après sa mort, Feizo, dont elle était parente, fit donner son corps aux chrétiens qui le déposèrent avec respect dans un lieu convenable.

Enfin nous allons rapporter textuellement une déposition faite sous la foi du serment par Emmanuel de Sousa, chevalier portugais, touchant les corps des cinquante-deux martyrs. Elle se trouve dans les procès-verbaux de Manille. « Le témoin rapporte que, la nuit qui a suivi le martyre des cinquante et tant, où a souffert le vénérable Père Spinola, il a vu de ses propres yeux entre les huit et neuf heures, une lumière briller en l'air sur le lieu même de l'exécution, que dans son étonnement il a appelé son compagnon de chambre nommé Simon Paez, afin qu'il en fût témoin, et qu'ils restèrent ensemble à l'admirer pendant plus de deux heures ; que la même lumière s'est encore montrée à ses yeux la nuit suivante, et qu'en cela il n'a pu être trompé, parce qu'il l'a considérée bien longtemps, qu'elle brillait encore au même lieu quand il est allé se reposer ; il ignore à quelle heure de la nuit elle a disparu. Le témoin ajoute encore qu'on commença à divulguer dans la ville de Nangasaki, comme chose indubitable, que des chrétiens japonais, occupés pendant la nuit, à réparer les mâts de leur barque et éloignés en mer de moins d'un quart de lieue de l'emplacement du martyre, avaient vu un grand nombre de lumières dont une était plus éclatante que les autres; marcher avec ordre comme en procession; que ce bruit devenant public, on a interrogé les Japonais idolâtres qui veillaient pendant la nuit à la garde des saints corps, et qu'on sut d'eux que pendant la nuit où les chrétiens du navire avaient eu cette vision, ils avaient vu eux-mêmes les têtes des saints martyrs se réunir à leurs corps, puis ces corps se lever sur leurs pieds, comme aussi les corps de ceux qu'on avait brûlés, et tous marcher en procession, chantant et tenant un flambeau en main ; qu'ils ont clairement reconnu que le Père Spinola de la Compagnie de Jésus avait son flambeau plus lumineux ; que la procession terminée et les lumières éteintes, les saints corps reprirent le même état qu'auparavant. Et comme tout cela commençait à se répandre, Gonrocu, gouverneur de la ville, défendit sous peine de mort aux gardiens d'en parler ; il craignait, sans doute, que ces bruits n'affermissent les fidèles dans la foi, et n'engageassent les idolâtres à se faire chrétiens. Le fait, comme on l'a rapporté, fut tenu pour vrai dans la ville. C'est public. »

XV

LE BIENHEUREUX GASPARD COTENDA
CATÉCHISTE DES PÈRES DE LA COMPAGNIE DE JÉSUS
ET DEUX ENFANTS DÉCAPITÉS A NANGASAKI
1622, 11 SEPTEMBRE

Le lendemain 11 septembre et au même lieu furent décapités en haine de la foi, Gaspard Cotenda et deux enfants, François âgé de douze ans et Pierre âgé de sept ans.

Gaspard avait été pris et emprisonné, comme nous avons dit, avec le Père Camille Costanzo dont il était catéchiste. Le gouverneur Gonrocu le fit transférer de la prison d'Iki dans celle de Nangasaki. On éprouva sa constance par différentes tortures, mais ce courageux jeune homme resta toujours immuable dans la volonté de donner plutôt mille vies que de renier la foi. Arrivé sur le lieu du dernier supplice, il sentit grandir son courage à la vue des corps des vingt-deux martyrs brûlés vifs et des trente autres décapités; et présenta sa tête au bourreau avec une joie inexprimable. Le Bienheureux martyr Thomas Cotenda, mis à mort pour la foi trois ans auparavant, était son parent, et sa naissance le rattachait à la maison royale de Firando. Gaspard Cotenda vint au monde à Nangasaki où son père s'était retiré avec sa famille comme en exil volontaire. Sa mère, femme d'une vertu rare, le consacra à Dieu et à la Compagnie de Jésus avant de le mettre au monde, et elle le lui rappelait souvent dès qu'il put le comprendre. Le Bienheureux Père Sébastien Kimura, et ensuite le Bienheureureux Père Costanzo l'avaient choisi pour catéchiste. Il mourut à l'âge de vingt et un ans, il ne lui manquait pour être religieux que d'avoir fait les vœux, il le demandait depuis bien longtemps; le Père provincial avait donné au Père Costanzo le pouvoir de les recevoir; mais il fut transféré à l'improviste dans une autre prison, et il n'eut pas la consolation de les prononcer avant de mourir.

Les deux enfants étaient François, fils du Bienheureux martyr Côme Taquea, coréen, mort trois ans auparavant, et Pierre, fils du Bienheureux martyr Barthélemy Xikiemon Cavano, décapité la veille. François avait été retenu dans la prison; Pierre avait accompagné son père au martyre et devait avoir la tête tranchée comme les autres; mais dans la confusion de ce massacre les bourreaux ne le virent pas ou ne l'appelèrent pas. Alors l'enfant s'en retourna tranquillement à la maison paternelle. La cour en fut instruite; il fut arrêté le jour suivant et pressé par le juge de faire connaître celui qui l'avait aidé à s'échapper: « Personne, répondit-il avec une ingénuité toute enfantine, mais voyant que personne ne se chargeait de me tuer, je suis retourné à pied à la maison. » Ces barbares le menacèrent de lui faire souffrir les plus cruels tourments s'il persistait à vouloir être chrétien. « Je souffrirai tout volontiers, dit-il, parce que des Pères de la Compagnie de Jésus m'ont encouragé dans une vision à mourir pour Jésus-Christ et à vous répondre franchement comme je fais. » Les chrétiens se portèrent en foule pour voir ces deux jeunes enfants qui marchaient, avec le catéchiste, intrépidement au martyre et qui les saluaient tous d'un visage gai en se recommandant à leurs prières. Comme on se pressait autour d'eux et qu'on voulait au moins les toucher, François s'imagina qu'on désirait avoir de lui quelque souvenir, il mit en pièces un linge qu'il avait dans la main et le distribua aux plus proches. Ce que voyant Pierre, l'enfant de sept ans, il crut que c'était là une règle pour tous ceux qui vont au martyre, et n'ayant rien à donner, il détacha avec une simplicité et une grâce charmantes, quelques petits morceaux de sa robe qui furent aussitôt pris par les chrétiens. Comme le lieu du supplice était depuis la veille tout imbibé de sang et couvert de cadavres, les bourreaux voulaient par pitié mener les deux enfants sur un endroit voisin, mais dans leur admirable ferveur, ils s'y refusèrent et voulurent mêler leur sang à celui des autres martyrs. Les têtes des trois nouvelles victimes furent jointes aux trente autres et leurs corps réduits en cendres et jetés au vent [1].

XVI

TROIS RELIGIEUX DE SAINT-DOMINIQUE ET TROIS AUTRES DE SAINT-FRANÇOIS BRULÉS VIFS A OMURA
1622, 12 SEPTEMBRE

Lorsque le sacrifice de tant de victimes eut été achevé à Nangasaki, Gonrocu qui avait reçu du Xongun par une délégation spéciale, la surintendance de toutes les exécutions de la justice en matière de religion, envoya un commissaire à Omura pour présider en son nom à la mort des huit confesseurs de la foi, qui étaient restés dans la prison de Suzuta, après le départ des vingt-quatre autres qu'on devait exécuter à Nangasaki. Ils étaient bien aussi condamnés au feu, mais ils devaient mourir là où

1. *Lettere annue del* 1622. — *Process. apost.*

ils avaient été pris. Ils ne tardèrent que de deux jours à partager la gloire de leurs compagnons. Ils moururent avec le même courage et la même joie. Leur supplice eut cela de différent qu'ils furent liés à leurs poteaux, selon l'ancien usage, avec des cordes faisant un grand nombre de tours et les serrant très-étroitement, qu'ils ne furent pas brûlés à petit feu, mais qu'entourés par des bûchers considérables et donnant beaucoup de flammes, ils expirèrent promptement.

Voici quels furent ces martyrs. Le Bienheureux Père Thomas Zumarraga, nommé aussi du Saint-Esprit, prêtre de l'ordre des Frères Prêcheurs et vicaire provincial du Japon. Il naquit à Vittoria dans la Biscaie vers l'an 1575, ce fut un homme aussi prudent que zélé pour le salut des âmes. Il travaillait depuis un grand nombre d'années à diriger cette chrétienté, à convertir les idolâtres, quand éclata la persécution. Il ne s'en laissa pas effrayer et continua, sous un autre habit et en recourant à toute sorte d'industries, de secourir les chrétiens dans leurs tribulations. Les persécuteurs finirent enfin par le découvrir. On l'enferma dans la prison de Suzuta dont il supporta héroïquement les souffrances horribles. Deux jeunes choristes du même Ordre, Mancius de Saint-Thomas et Dominique de Fiunga moururent avec lui. Ils étaient tous deux japonais et aidaient les prêtres à la conversion des gentils dans l'emploi de catéchistes.

Les trois autres martyrs appartenaient à l'ordre des Frères Mineurs. Le premier fut le Bienheureux Père Apollinaire Franco, né en Espagne à Aguilar del Campo. Il étudia dans l'université de Salamanque et devint très-fort canoniste. Se sentant appelé à la vie religieuse il prit l'habit de Saint-François et fit profession dans la province de Saint-Jacques. Lorsqu'il eut reçu les saints ordres, il se donna tout entier à la prédication et en recueillit les fruits les plus abondants. Le martyre était l'objet perpétuel de ses vœux. On lui permit de passer aux îles Philippines en 1602 et de là au Japon où il travailla pendant plus de vingt ans. Il était venu, comme nous l'avons déjà raconté, à Nangasaki avec le Bienheureux Père Navarrette et y avait fondé des œuvres de charité pour secourir les pauvres et les enfants exposés et pour soutenir la ferveur des chrétiens. Nous trouvons dans le procès-verbal de Manille ce témoignage sur le Père Apollinaire Franco : « Le Père Apollinaire, commissaire de son Ordre, fut fait prisonnier comme ministre de l'Évangile et jeté dans une étroite prison d'Omura où il resta cinq ans et plus. Néanmoins le serviteur de Dieu ne cessa pas de faire un grand bien aux chrétiens japonais; il leur écrivait très-souvent de sa prison pour les exhorter à la persévérance. Le témoin a reçu lui-même en Espagne plusieurs lettres du Père Apollinaire qui lui rendait compte de l'état des religieux emprisonnés avec lui; son grand cœur s'y montrait à découvert dans l'expression de sa joie d'être prisonnier pour Jésus-Christ et dans sa demande au témoin de lui obtenir de Dieu de ne sortir de prison que pour être brûlé en l'honneur de son souverain maître. »

On fit périr en même temps dans les flammes, le Frère François de Saint-Bonaventure et le Frère de Sainte-Claire, japonais et catéchistes, reçus tous deux dans l'ordre de Saint-François pendant qu'ils étaient en prison. Ils méritaient bien cette récompense. François naquit à Musaxi dans le Quanto. A la première nouvelle de l'arrestation du Père Apollinaire dont il avait été le fidèle compagnon, Paul prit son habit religieux, demanda audience au gouverneur pour lui parler de choses qui regardaient le salut de son âme. Ce barbare fut si indigné d'une telle audace que peu s'en fallut qu'il ne le fît décapiter sur l'heure. On le conduisit dans la prison du Père Apollinaire.

Paul de Sainte-Claire vint au monde à Saigo dans le royaume d'Arima. Élevé dès ses premières années par les religieux de Saint-François, il travailla avec eux au salut des âmes, soutint avec une force admirable cinq années de la plus affreuse prison, y fit profession religieuse entre les mains du Père Apollinaire, qu'ils accompagnèrent tous deux au martyre. Quatre autres Japonais séculiers, Paul et Mathias Faiaci, Jean Iquenda et Léon Suqeiemon subirent victorieusement la même mort, le même jour et dans le même lieu. Mais on n'a pu se procurer d'informations juridiques que sur le martyre des six premiers.

XVII

MORT MERVEILLEUSE DU BIENHEUREUX PÈRE CAMILLE COSTANZO PRÊTRE DE LA COMPAGNIE DE JÉSUS, BRULÉ VIF A FIRANDO — 1622, 15 SEPTEMBRE

Passons d'Omura à Firando où trois jours après, c'est-à-dire le 15 septembre, eut lieu le mémorable triomphe du Bienheureux Père Camille Costanzo, prêtre de la Compagnie de Jésus. Il avait parcouru sans relâche depuis trois mois l'île d'Ikitzuki, laissant partout des preuves de son zèle, quand il dit à son hôte qu'il devait aussi visiter les fidèles de Noxima, petite île du royaume de Firando, éloignée d'une douzaine de lieues. Celui-ci le confirma dans sa résolution et voulut même l'accompagner. Ils montèrent sur une barque conduite par deux rameurs, en compagnie de Gaspard Cotenda, catéchiste du Père, et d'Augustin Ota, et s'avancèrent vers Noxima.

A peine avaient-ils pris la mer qu'une chrétienne, plus zélée que prudente, les livra tous, sans s'en douter, aux mains des persécuteurs et à la mort. Elle s'était confessée un peu auparavant au Père Camille ; et toute pleine de ferveur elle voulut convertir Monami Soiemon, son mari, païen et officier de justice dans l'île d'Ikitzuki. Elle lui parle donc de l'arrivée du saint religieux, lui dit qu'il ne retrouvera jamais une occasion aussi favorable de s'instruire de la religion, et que s'il a le désir de recevoir le baptême elle le conduira jusqu'à lui. Le malveillant idolâtre laisse croire à sa femme qu'il désire en effet prendre les conseils du missionnaire, et par ses adroites questions il en tire peu à peu tout ce qu'elle sait : qui avait amené le religieux dans l'île, chez qui il avait trouvé un logement, qui le conduisait, qui l'aidait dans son ministère ; enfin il apprend par elle que le Père venait de partir pour Noxima, et que sous peu il serait de retour à Ikitzuki. Ce traître fait alors parvenir toutes ces minutieuses informations aux gouverneurs de Firando, qui lui envoient trois navires armés pour courir à la poursuite du Père et s'emparer plus sûrement de sa personne. Umanoco, président de la justice dans l'île, et lui-même s'y embarquent et se rendent à Noxima. Mais le Père Camille avait déjà passé outre, il était dans l'île d'Ucu à une demi-lieue. Les persécuteurs s'y rendent en toute hâte et le trouvent dans le port le 24 avril. Ucu dépendait du royaume de Soto ; les autorités de Firando n'avaient pas le droit d'y arrêter le Père Costanzo ; mais Sansi, receveur des douanes et le premier dignitaire de l'île, le leur livra. Ceux-ci, enchantés de leur capture revinrent à Noscima ; et en interrogeant leurs prisonniers chacun à part, ils apprirent qu'ils tenaient le Père Camille Costanzo de la Compagnie de Jésus. La joie fit place alors au regret, car ils le connaissaient déjà par le bruit public. Ils garrottèrent très-étroitement tous les autres, bateliers ou compagnons du Père Camille, mais pour lui ils n'osèrent pas le toucher. Bien plus, comme ils débarquaient de nuit à Noxima, ils le firent inviter à leur table qu'on avait servie somptueusement en son honneur. Le Père refusa d'une manière gracieuse, mais pour ne pas paraître affligé de son emprisonnement, ou impoli, il ajouta qu'il agréerait leur demande s'il ne s'agissait que d'accepter quelque boisson d'usage. L'envoyé revint aussitôt le prier de descendre à terre, et de recevoir de ses maîtres cette marque de considération. Le Père Camille fut accueilli avec un respect profond et placé au lieu le plus honorable; après avoir conversé quelque temps d'une manière très-bienveillante, il prit congé d'eux et vint retrouver ses compagnons en mer. Dès l'aube du jour, on mit la main aux rames et la proue sur Ikitzuki qu'on atteignit au lever du soleil. Là les prisonniers furent séparés; on laissa, dans ce lieu, Jean et les autres qui en étaient natifs, et on conduisit à Firando, cinq lieues plus loin, le Père Camille, Augustin et Gaspard, son catéchiste.

Le Père Camille fut présenté, dès son arrivée, à deux juges de la cour. « Ils me demandèrent qui j'étais, dit-il, dans une lettre au recteur de Nangasaki. Je répondis que j'étais religieux de la Compagnie de Jésus et que je me nommais Camille Costanzo. Ils ajoutèrent : Qu'êtes-vous venu faire au Japon? Je ne répondis pas, mais tirant de mon sein une apologie écrite, je la leur présentai. Ils reprirent : Et pourquoi n'obéissez-vous pas à Xongun, empereur du Japon? Ma loi, répliquai-je, m'oblige d'obéir aux princes, excepté quand ils commandent des choses opposées à la volonté de Dieu. Or telle est la défense que fait Xongun de ne pas prêcher l'Évangile dans ses royaumes. Cela dit, un d'eux déclara que je méritais la mort, et on me jeta une corde au cou. Je fus conduit la nuit même dans l'île d'Ikinoxima, où je suis en prison avec deux religieux, l'un de Saint-Augustin, l'autre de Saint-Dominique. Nous sommes au régime du carême : du riz, des herbes, et quelquefois un peu de poisson. La prison n'est pas entourée de palissades; elle a beaucoup de gardiens. Je leur prêche les vérités de la foi, ils se rendent à tout, et disent que si le Xongun ne le défend pas, ils se feront chrétiens. J'attends la réponse d'Iendo, et, avec elle, la mort d'heure en heure. *Fiat voluntas Domini.* Je suis prêt à tout. » C'est ainsi qu'il parle de sa condamnation, mais trop succinctement. Nous savons d'ailleurs que quand on lui mit la corde au cou, la joie la plus vive brilla sur son visage; il se tourna vers les juges et leur dit : « Voilà un bien grand nombre d'années que je désirais être lié pour avoir prêché la loi du vrai Dieu. » Un des juges lui ayant répondu avec moquerie qu'un tel désir ne pouvait naître que dans le cœur d'un fou, le Père lui parla avec cette force de raisonnement et cette noblesse de langage qui lui étaient propres et ajouta qu'il se glorifierait et se réjouirait bien davantage quand il se verrait, pour le même motif, ou crucifié, ou brûlé vif, ou mis à mort de quelque manière qu'il leur plairait. Nous ne savons rien sur son séjour dans la prison d'Ikinoxima ; cette île, qui est à douze lieues de Firando et en haute mer, n'étant fréquentée que par des navires qui y attendent un vent favorable pour passer du Japon en Corée. Seulement, nous le voyons, dans quelques-unes de ses lettres, appeler heureuse la vie qu'il mène dans cet exil, dans ce désert ; prier les Pères de ne pas s'inquiéter de sa personne, et de remercier Dieu qui lui a déjà accordé une récompense plus grande qu'il n'aurait su désirer. Il nous apprend que lorsqu'il passait près de la prison de Suzuta où le Père Spinola et tant d'autres religieux attendaient la mort, il s'inclinait profondément ; que le voisinage de cette bienheureuse prison faisait tressaillir son cœur de joie et donnait à son âme une nouvelle vigueur. La plus tendre amitié le liait au Père Pierre Paul Navarro. Quand il leur arrivait de se rencontrer, c'était une grande consolation pour eux de parler du bonheur du martyre, de la gloire qu'il procure et de se communiquer mutuellement leurs saintes pensées. Dans les lettres qu'ils s'écrivaient de leur prison, ils se rappelaient ces anciennes conversations et le peu de temps qui les séparait encore du terme de leurs souhaits. Le

Père Navarro, incarcéré quatre mois plus tôt que son ami, le lui fit savoir de suite, ajoutant qu'il l'attendait au ciel ou martyr ou confesseur. Et le Père Camille, lorsqu'il fut arrêté, lui en donna tout joyeux la nouvelle et lui rappela son invitation. Me voici donc, dit-il, où vous m'attendez et où j'ai tant désiré de me trouver. J'ai déjà confessé Jésus-Christ et sa sainte loi devant les juges, et peut-être mourrai-je avant vous. Ce qui arriva en effet. Comme sa sentence devait venir de Iendo, éloigné de Firando de presque toute la longueur du Japon, ceux avec qui on l'avait arrêté furent couronnés avant lui en divers lieux et en divers temps.

Il suivit de bien près toutefois ses heureux devanciers, Gonrocu ayant reçu sans retard de la cour de Iendo l'ordre de le faire brûler vif. A cette nouvelle, le saint homme donna les premières marques de cette joie qu'il allait montrer au milieu des flammes et dont on n'a jamais vu d'autre exemple. En signe de fête, et selon l'usage des Japonais, il envoya un cadeau au Père Pacheco, provincial; c'était son reliquaire où il avait placé sa profession solennelle des quatre vœux, faite à Macao, en 1616. Cette pièce était singulièrement digne d'être gardée avec respect, aussi le Père Pacheco en fit-il le patrimoine de la province.

Le Père Camille Costanzo fut conduit de sa prison à Firando et de Firando à Nangiozake, lieu désigné pour son exécution. Une petite barque vint de suite pour le prendre. Elle portait six serviteurs du prince qu'il accueillit d'un air plein de joie et avec les plus affectueux remercîments ; il en fut de même pour un officier envoyé de Nangasaki et qui devait présider au supplice en place de Gonrocu. Un des serviteurs du roi de Firando lui demanda qui il était, d'où il venait, quel âge il avait, et depuis combien d'années il habitait le Japon. Ses réponses furent écrites pour être envoyées à la cour de Iendo. Le lieu de l'exécution n'était pas dans l'intérieur de l'île de Firando, mais vis-à-vis et comme en face de la ville, à Tabira, sur la côte opposée qui appartient au Ximo et qu'un canal sépare de l'île. Là, sur une plage proche de la mer, on avait planté une colonne de bois et dressé tout autour un grand bûcher qu'environnait une haie de bambous entrelacés. Une foule immense composée de toute espèce de gens attendait sur terre et sur mer la venue du confesseur de la foi ; il y avait des fidèles et des païens, et jusqu'aux hérétiques hollandais et anglais qui étaient venus de Cavaci, un des deux ports principaux de l'île où treize de leurs navires étaient mouillés. Le saint homme, en s'avançant vers le bûcher, éloigné seulement d'une centaine de pas, marchait si vite qu'il paraissait comme poussé par une force supérieure; les chrétiens qui connaissaient sa démarche, disaient tout émerveillés qu'ils ne lui avaient jamais vu une telle prestesse. Il s'arrêta sur le seuil de l'enceinte et d'après les usages du Japon en pareille circonstance, il dit à haute voix : Je suis Camille Costanzo, italien et religieux de la Compagnie de Jésus; si des chrétiens m'entendent, qu'ils le sachent; puis il entra au milieu du bûcher, alla tout droit se placer au pied du poteau et y fut lié très-étroitement selon l'ancienne manière. Les liens étaient faits de joncs foulés et tordus qu'on avait couverts de boue pour qu'ils résistassent davantage à l'action du feu. Alors il se tourna vers l'endroit où la foule était plus compacte et d'une voix haute et intelligible, comme s'il eût parlé d'un lieu élevé, il déclara que la cause de sa mort était d'avoir prêché la loi du vrai Dieu dans ces royaumes.

Partant de ces paroles de saint Mathieu: *Ne craignez pas ceux qui tuent le corps, mais ne peuvent tuer l'âme*, il raisonna en très-bon japonais sur l'immortalité de l'âme, sur l'éternité heureuse qui suit la vie présente; comment les douleurs de la mort, quelque affreuses qu'elles soient ici-bas, ont une fin, mais qu'il n'y en aura jamais pour cette vie ou cette mort qui attend l'âme, selon son mérite, dans l'éternité. Il parla sur ce sujet tant qu'il voulut, les bourreaux mirent ensuite le feu tout autour aux broussailles et sortirent du cercle. Alors le Père Camille se remit à prêcher en même temps qu'il brûlait : « Sachez-le tous, disait-il, il n'y a pas d'autre moyen de sauver son âme que d'embrasser la foi et la sainte loi de Jésus-Christ; toutes les sectes des bonzes sont vaines, sont impies, sont trompeuses, toutes mènent l'âme à sa perte éternelle... » Pendant qu'il parlait, les flammes s'élevèrent à une telle hauteur qu'on ne le vit plus; et cependant on entendit toujours sa voix si ferme et si retentissante qu'on l'aurait cru prêchant du haut d'une chaire et non au milieu d'un feu ardent. Puis il se tut, la fumée s'éclaircit, les flammes tombèrent et on le revit. Il paraissait plongé dans une contemplation profonde, le visage et les yeux tournés vers le ciel, immobile, tout rayonnant de joie. Après quelques instants, il chanta le psaume : *Laudate Dominum omnes gentes* avec le *Gloria Patri* et rentra dans le silence. On croyait qu'il avait expiré en terminant ce chant sacré, quand il recommença tout à coup à prêcher avec force; mais, comme son discours était entremêlé de beaucoup de paroles latines, les fidèles n'en purent rendre compte. Ce qui excita davantage l'étonnement et fit croire que les consolations divines dont son cœur abondait, l'avaient rendu insensible aux atteintes du feu, ce fut de l'entendre répéter, par trois fois en japonais, certaines paroles qui expriment qu'on éprouve une vive satisfaction; comme lorsque nous disons : oh bien ! oh quel plaisir ! et cela précisément quand les flammes, devenues plus intenses et plus voisines, l'enveloppaient tout entier, qu'elles brûlaient l'habit de la Compagnie dont il était revêtu, et que lui-même, comme on l'a écrit de là-bas dans ces mêmes termes, paraissait blanc comme neige. Peu à peu, sous l'action du feu, son corps devint couleur de bronze et ensuite noir. On s'attendait à le voir tomber mort au pied du poteau. Ce qui ne tarda pas en effet, mais toutefois cette âme, si enflammée de l'amour de Dieu, ne devait s'envoler vers lui qu'en le louant par les paroles que chantent dans le paradis ses plus fervents serviteurs. Il fit donc un dernier effort et cria de manière à être entendu de loin : *Sanctus, sanctus*; après la cinquième fois, il baissa la tête et expira. Une immense multitude a été témoin de toutes les particularités qu'on vient de lire. Et bien longtemps les fidèles et les infidèles, émerveillés de cette mort, en parlèrent avec admiration.

Ce glorieux triomphe de la foi arriva le 15 septembre 1622. Le Père Camille était âgé de cinquante ans; il en avait passé trente dans la Compagnie et dix-sept dans la mission du Japon. Son corps fut jeté à la mer dans un courant rapide qui va vers Firando et le porta Dieu seul sait où; car le Père Jean-Baptiste Baeza, recteur de Nangasaki, le fit chercher sur tous les points du littoral sans qu'on ait jamais pu le retrouver.

Camille Costanzo naquit d'une très-noble famille à la Motta Bovalina, en Calabre, à douze lieues de la ville de Gerace. Après y avoir achevé son cours d'humanités, il alla étudier le droit civil à Naples. Il porta ensuite les armes pendant quelques années. Enfin, ennuyé du monde, il lui tourna le dos et se dévoua au service de Dieu, dans la Compagnie de Jésus, à l'âge de vingt ans. Il demanda et obtint la mission de Chine, afin de travailler et de souffrir pour Jésus-Christ. Il partit de l'Italie en mars 1602, et de Goa pour Malacca et Macao dans le même mois de 1604. N'ayant pu, je ne sais pour quel motif, entrer en Chine, il fut envoyé au Japon, échappa heureusement à une formidable tempête et aborda à Nangasaki le 17 août 1605. On lui assigna, après avoir étudié une année la langue du pays, le royaume de Bugen pour champ de ses travaux, puis la ville de Sacai où, pendant six années, il exerça le saint ministère, et baptisa plus de huit cents idolâtres dont le plus grand nombre mourut pour la foi. Dans l'édit de bannissement général de 1614, il fut obligé de sortir du Japon et de se réfugier à Macao. Cet exil, qui dura sept ans, fut consacré à composer en japonais, qu'il écrivait avec une pureté et une élégance rares, quinze ouvrages pour réfuter les erreurs des sectes de ce pays, et deux autres en défense de la foi chrétienne. En 1621, il se déguisa en soldat et retourna au Japon pendant que sévissait la persécution; l'année suivante, après avoir travaillé dans les royaumes de Figen, de Cicugen et de Firando, il fut pris par les persécuteurs et gagna cette palme du martyre qu'il avait toujours demandée à Dieu dans ses prières [1].

XVIII

UN CONFESSEUR DE LA FOI BRULÉ VIF ET TROIS AUTRES DÉCAPITÉS A NANGASAKI
1622, 2 OCTOBRE

Pendant que le Bienheureux Louis Flores était, comme nous l'avons dit, prisonnier à Firando sous la garde des hérétiques hollandais, les chrétiens de Nangasaki résolurent entre eux de l'arracher de

---

[1]. Bartoli, lib. IV, nos 51 à 56.

leurs mains. Ils conviennent avec un bon chrétien nommé Louis Giakici, de ce qu'il y avait à faire dans cette entreprise qui demandait de l'audace jointe à une grande rapidité d'exécution. Louis équipe une barque légère, s'en va tranquillement à Firando, pénètre au milieu du jour dans la prison placée sur le rivage de la mer, et que ne surveillaient pas les gardiens à cette heure; il en tire le Père Louis, et puis fait force de rames vers le port de Nangasaki. Malheureusement ils se virent bientôt donner la chasse par une demi-fuste que le roi de Firando dépêchait à leur poursuite, et dont la marche l'emportait de beaucoup trop sur la leur.

Le Père Louis fut donc ramené à sa prison et ensuite brûlé vif le 19 août. On mit le pilote à la torture, pour le forcer à révéler ses complices, mais cet homme courageux, pour ne pas compromettre la moitié de Nangasaki, triompha de tous les assauts et souffrit avec une invincible constance d'incroyables tourments. Enfin il fut conduit au tribunal avec sa femme Lucie et ses deux fils André et François, le premier de huit ans, le second de quatre ans. On leur donna le choix de mourir ou de renier la foi de Jésus-Christ, ils demandèrent la mort sans hésiter. Louis fut condamné à mourir par le feu et les autres par le glaive.

Voici ce qu'un témoin oculaire a déposé sur ce martyre dans le procès-verbal de Manille : « Le témoin a remarqué, avec les autres assistants, la force et la constance que Dieu notre Seigneur a bien voulu donner à son serviteur Louis Giakici. Comme les persécuteurs le croyaient totalement épuisé de forces par la multitude des tourments qu'il venait de souffrir, ils avaient préparé une petite litière pour le porter au martyre, mais il leur dit avec le courage d'un vrai chrétien que comme il allait à la mort pour la cause de Jésus-Christ et de ses ministres, il espérait du même Seigneur la force d'y aller à pied, ce qu'il fit au grand étonnement des spectateurs. De plus le témoin l'entendit pendant tout le chemin prêcher, dire de saintes et bonnes paroles, exhorter ses compagnons et confesser publiquement que la loi qui nous sauve est la loi de l'Évangile, et que tout autre mène à l'enfer. Il vit, qu'arrivés au lieu du supplice, ils se disposèrent tous quatre saintement avec une intrépidité chrétienne et une grande allégresse à recevoir la mort ; que lorsque le serviteur de Dieu, Louis, eut été attaché à la colonne, on décapita sous ses yeux sa femme Lucie et ses deux fils qui invoquaient les saints noms de Jésus et de Marie ; que de suite après on alluma le bûcher et qu'on brûla à petit feu le serviteur de Dieu, Louis, le 2 octobre 1622. Les assistants étaient grandement consolés et louaient Dieu du courage qu'il donna à ses serviteurs dans de telles circonstances 1. »

XIX

LE BIENHEUREUX PIERRE PAUL NAVARRO
PRÊTRE DE LA COMPAGNIE DE JÉSUS
BRULÉ VIF AVEC TROIS AUTRES A XIMABARA
1622, 1er NOVEMBRE

Le mois de novembre de cette même année 1622, nous donne trois autres religieux de la Compagnie de Jésus et un séculier japonais brûlés vifs ensemble en témoignage de la foi. A leur tête se voit le Bienheureux Père Pierre Paul Navarro, un des plus anciens et infatigables ouvriers de cette mission. Il a raconté lui-même comment il fut pris, dans une lettre au supérieur de la maison de Nangasaki, et que nous transcrivons mot à mot.

« Au commencement de l'avent, dit-il, j'allai à Cazusa pour diverses affaires sur la demande du Père provincial. Je fis une confession générale et rendis

1. *Process. apost.*

compte de ma conscience, puis je traversai la mer, m'arrêtai deux jours à Obama et passai de nuit à Faciran, où je me mis en retraite pour faire les exercices spirituels. Je fis savoir aux chrétiens d'Arima, que je serais chez eux pour les fêtes de Noël, afin de leur administrer les sacrements de Pénitence et d'Eucharistie. Mais dans la crainte que je ne fusse surpris par les espions du prince Bungondono d'Arima, ils m'écrivirent qu'il y aurait plus de sûreté à différer jusqu'à la Circoncision.

Je célébrai donc les fêtes de Noël avec les chrétiens de Faciran et je m'en vins de nuit à Arima, en compagnie de deux guides. N'ayant pas trouvé de barque, nous prîmes forcément le chemin public. Il en arriva que nous rencontrâmes un serviteur du prince deux heures avant minuit. La nuit était assez claire, il fixa les yeux sur moi, conçut des soupçons, et revenant par derrière il me prit par l'habit sous la poitrine et m'arrêta. « Ne vous fatiguez pas à me retenir, lui dis-je; je vous assure que je ne fuirai pas. » Il voulait me conduire de suite à un certain président; mais bientôt, comme se repentant de ce qu'il avait fait, il ne voulut point passer outre quelque instance que je lui en fisse. C'est ainsi que je demeurai le reste de la nuit dans la maison d'un infidèle. Le jour suivant, le prince qui habite Ximabara, à cinq lieues d'Arima, sut de bonne heure ce qui s'était passé, il en fut grandement fâché, et parce que jusqu'à cette heure il était resté affectionné à nos affaires, et parce qu'il s'était vanté peu auparavant devant l'empereur qu'il n'y avait plus un religieux dans son état. Afin de conserver sauf son honneur, il consulta par lettre un gouverneur de l'empire, son ami, sur ce qu'il devait faire. En attendant, comme le bruit de mon arrestation se répandait de plus en plus, il me fit conduire à Ximabara sous une bonne escorte de soldats ; j'étais resté vingt jours à Arima dans la maison de cet idolâtre. Pendant le voyage nous ne fîmes que parler de la foi chrétienne, mes gardes m'écoutèrent avec plaisir et restèrent tous bien disposés pour notre sainte loi. Le chef des soldats avait été chrétien, puis était retombé dans les erreurs des gentils. Ces conversations le firent rentrer en lui-même et il résolut de revenir à Jésus-Christ. Pendant mon séjour à Arima on m'accorda de recevoir librement tout le monde, chrétiens et infidèles. Le fruit n'en fut pas médiocre. Notre hôte et sa femme en particulier montraient une grande inclination pour la foi chrétienne. Outre les petits soins qu'ils me prodiguèrent chez eux, ils sont venus me voir à Ximabara et m'apporter des présents. J'ai demandé au prince de me mettre dans la prison publique ou de m'envoyer aux prisons d'Omura avec les autres religieux; mais il m'a refusé cette faveur, et m'a donné en dépôt à quatre chétiens de Ximabara et à cinq d'Arima, sur leur responsabilité, lesquels ont accepté avec beaucoup de plaisir. Je suis maintenant dans la maison d'André Mongioiemon, ami intime du prince, j'y célèbre la messe tous les jours dans une petite chapelle, j'administre à un grand nombre les saints sacrements de la confession et de la communion. Les chrétiens ont toute liberté de me voir. J'ai reçu la visite de quelques païens des plus nobles familles. Nous traitons tantôt du salut éternel, tantôt des choses naturelles dans leur cause et dans leurs effets, et ils restent satisfaits de tous ces discours. Le prince, sur leurs rapports, a grand désir d'entendre parler de notre foi; il a dit qu'il voulait m'appeler à la forteresse. Il m'a envoyé visiter par un de ses pages, m'a offert des fruits en présent, en me faisant savoir combien il lui déplaisait de me voir prisonnier, et que s'il le pouvait il dissimulerait avec moi. Il en agit ainsi d'ailleurs avec les autres Pères dont il pourrait arrêter plus de dix, sachant bien où ils se retirent, mais il feint de l'ignorer. Il voudrait recevoir de la cour l'ordre de m'envoyer à Macao, alors il m'y ferait conduire sur ses vaisseaux bien accom pagné et pourvu du nécessaire. Mais que Dieu ne permette pas une décision aussi funeste pour moi. Je désire finir ici ma vie en répandant mon sang pour celui qui a répandu le sien pour moi et c'est à quoi je me prépare. J'ai eu le bonheur de m'aboucher avec le Père Jean-Baptiste Zola à qui je me suis confessé deux fois et j'attends l'heureuse nouvelle de la cour de Iendo. » Le Père Navarro fut arrêté et emprisonné avec Pierre Onizuki, Denis Fugixima et Clément Kiugemon, dont nous parlerons ensuite.

Matzucuro Bungodono avait remplacé depuis quelque temps l'apostat D. Michel dans le gouvernement des états d'Arima. C'était un homme d'âge mûr et de sens rassis, idolâtre de religion, mais très-bien intentionné pour la loi chrétienne, au point que les Pères de la Compagnie de Jésus eurent à ce sujet plusieurs conférences avec lui à Surunga et lui expliquèrent les mystères et les préceptes de notre religion. Le Père Navarro fut appelé un soir par le prince dans la forteresse et il eut avec lui un long entretien sur les choses de la foi, comme on le voit dans une de ses lettres. Il lui laissa entre les mains une apologie de la religion chétienne qu'il avait composée. Le prince la fit lire devant lui à la cour et en envoya une copie à l'empereur. Il espérait sauver la vie au missionnaire, ou au moins lui changer la mort contre l'exil, mais il n'en fut pas ainsi. L'arrêt arriva de Iendo le 27 octobre 1662 ; l'empereur condamnait le Père Navarro et ses trois compagnons à être brûlés vifs. L'exécution tarda de cinq jours, ce qui donna le temps au Père d'écrire à ses supérieurs et à bon nombre de chrétiens pour prendre congé d'eux et se recommander à leurs prières. Le 1er novembre, fête de tous les saints, il célébra la messe dès l'aube, donna la communion à ses trois compagnons ; et avec l'autorisation du Père François Pacheco, provincial, il reçut les vœux de religion de Pierre et de Denis qui furent ainsi liés à la Compagnie de Jésus. Il s'adressa ensuite à une vingtaine et plus de chrétiens présents, leur dit ces tendres paroles de l'Évangile, relatives à Jésus-Christ sur le point de marcher à la mort : *Comme il avait aimé les siens qui étaient dans le monde, il les aima jusqu'à la fin* [1], et parla de l'inestimable récompense de ceux qui meurent pour l'amour de Dieu. Les larmes de ces bons fidèles et les siennes coulaient avec tant d'abondance qu'il était obligé de s'arrêter à chaque instant.

Un jeune gentilhomme vint à dix heures de la part de Bungodono, signifier au Père Navarro la sentence

---

1. S. Joan., c. XIII, v. 1.

de l'empereur qui le condamnait à mourir par le feu pour être resté au Japon afin d'y prêcher la loi des chrétiens. Il ajouta que le prince son maître le regrettait infiniment, mais qu'il devait exécuter les ordres de l'empereur. Le Père l'écouta d'un visage joyeux et lui dit d'offrir au prince ses meilleurs remercîments. Il trouva à la porte de la maison les ministres de Bungodono et de Gonrocu, gouverneur de Nangasaki, avec cinquante soldats rangés sur deux lignes. C'était l'escorte qui devait le conduire au lieu du supplice. Il marcha au milieu de cette troupe ayant Denis Fugixima d'un côté, et de l'autre son cher hôte André Mongioiemon qui voulut l'accompagner, Pierre Onizuki et Clément Kiugemon le suivaient. Ils s'avancèrent ainsi en chantant les litanies, et telle était l'allégresse qui brillait sur le visage du Père Navarro que les fidèles pleuraient de dévotion et que les infidèles en étaient émerveillés. On avait choisi pour cette exécution le coteau qui, à l'ouest et en dehors de Ximabara, s'avance dans la mer et y forme comme un coude assez vaste. Ce lieu était déjà couvert d'une immense multitude de spectateurs. On voyait s'élever au milieu quatre colonnes de bois, chacune d'elles était surmontée d'un arc de bambou d'où pendaient les cordes qui servent à lier les bras des condamnés. Le bûcher, qu'on avait formé d'une grande quantité de bois, entourait les poteaux de près; c'était par ordre formel de Bungodono qui ne pouvant pas sauver la vie à ce digne homme, disait-il en parlant du Père Navarro, ne voulait pas du moins prolonger les douleurs de sa mort. Le Père s'inclina profondément devant les colonnes dès qu'il les aperçut, puis, quand il fut arrivé, il pénétra au milieu du bûcher sans en attendre l'ordre, s'agenouilla un instant pour rendre grâces à Dieu, se releva et se mit à prêcher. Mais les bourreaux ne tardèrent pas à l'interrompre pour le lier à son poteau. On plaça les confesseurs de la foi selon leur degré et leur âge. Le premier vers Ximabara était le Père Navarro, ensuite les deux frères Pierre et Denis, tous deux avec l'habit de la Compagnie de Jésus, enfin le fidèle serviteur Clément. Lorsque les exécuteurs s'avancèrent la torche allumée, le Père se tourna vers ses compagnons, les excita brièvement à la persévérance, puis se recueillant en Dieu, les yeux fixés vers le ciel, il resta immobile tant que les forces ne l'abandonnèrent pas. Mais un vent violent, qui soufflait alors, poussa vers lui les flammes avec tant de force que son manteau et sa soutane, déjà consumés, volaient en débris enflammés dans les airs, et que lui-même, tombant bientôt sur le côté, rendit son âme à Dieu en prononçant à haute voix les saints noms de Jésus et de Marie. Les autres martyrs moururent bientôt après, excepté Pierre qui souffrit plus longtemps parce qu'il y avait moins de bois devant lui. Les corps restèrent exposés pendant trois jours, ils furent brûlés de nouveau et comme de coutume jetés à la mer.

Le Père Pierre Paul Navarro naquit à Laino dans la Basilicate, en décembre 1560, et il fut reçu à dix-huit ans dans la Compagnie de Jésus par le Père Claude Aquaviva, alors provincial de Naples. Il passa aux Indes pendant le cours de ses études, puis sa théologie achevée et les saints ordres reçus, il se rendit au Japon en 1586. Cinq mois d'un travail opiniâtre lui suffirent pour connaître la langue du pays de manière à prêcher sans préparation, et à composer divers ouvrages fort utiles. Il donna successivement ses soins aux chrétiens des royaumes d'Omura, de Nagato, d'Amanguchi et pendant vingt ans à celui de Bungo, ayant à supporter partout les persécutions des idolâtres. Enfin envoyé dans le royaume d'Arima en qualité de supérieur des missionnaires, il y trouva ce qu'il était venu chercher de si loin, et acheter par trente-six années de travail dans les missions du Japon. Quant à la sainteté et à la perfection de cette âme, qu'il nous suffise du témoignage du Père Jean-Baptiste Zola, brûlé vif aussi lui-même et à qui le Père Navarro fit deux jours avant de mourir sa dernière confession générale. C'est, dit-il, un saint martyr, un grand ouvrier, un homme consommé en tout genre de vertus et particulièrement dans l'observance des règles. Le Père Pierre Paul Navarro mourut âgé de soixante-deux ans et ayant fait la profession des quatre vœux.

Denis Fugixima, d'une noble et riche famille d'Aitzu, place forte du royaume d'Arima, perdit son père étant encore enfant et fut confié à des parents idolâtres, qui recoururent à mille moyens pour le pervertir. Fatigué de leurs importunités, il se retira à Nangasaki et y mena une vie très-pieuse d'après les conseils d'un saint jeune homme nommé Louis Cavara, qui plus tard mourut dans les flammes avec le Père Spinola. Il devint le catéchiste du Père Navarro, fut pris avec lui, fit les vœux de religion et mourut brûlé vif à l'âge de trente-huit ans.

Pierre Onizuki avait dix-huit ans, il était fils de Paul Onizuki, un des notables de Faciran, sa patrie. Bungodono le fit venir plusieurs fois par bienveillance et dans le désir de lui sauver la vie; il le sollicitait de faire au moins semblant d'avoir abjuré la loi chrétienne; et au dernier jour, quoique Pierre eût déjà entendu sa sentence de condamnation et fût remis à la garde des officiers de la justice, le gouverneur revint avec plus d'empressement que jamais à lui offrir la vie. Mais il ne reçut de notre jeune héros que cette réponse : « Plutôt mourir du plus affreux supplice que d'être infidèle à Dieu. » C'est ainsi qu'il mérita la grâce de mourir dans la Compagnie de Jésus, comme il le demandait avec instance.

Clément Kiugemon était né à Arima, âgé de quarante-huit ans, marié et père de famille. C'est par un zèle ardent pour la propagation de la foi qu'il se donna en aide au Père Navarro dans les travaux de son saint ministère. Il y recueillit la couronne du martyre et le dut à sa constance qui resta supérieure à toutes les menaces comme à toutes les promesses [1].

XX

LE BIENHEUREUX FRANÇOIS GALVEZ, PRÊTRE
DE L'ORDRE DES FRÈRES MINEURS
ET LE BIENHEUREUX JÉROME DE ANGELIS, PRÊTRE
DE LA COMPAGNIE DE JÉSUS
BRULÉS VIFS A IENDO, AVEC LE BIENHEUREUX SIMON IEMPO
1623, 4 DÉCEMBRE

L'empereur Xongun se démit, dans le mois d'août de l'année 1623, du gouvernement de l'empire en

[1]. Bartoli, lib. IV, n° 59.

faveur de son fils aîné. Celui-ci commença, selon la coutume, par renouveler les lois précédentes, celles surtout qui concernaient l'extirpation de la religion chrétienne. Il promit aussi de grandes récompenses à quiconque dénoncerait les chrétiens et principalement les ministres de l'Évangile. Un misérable, chrétien de mauvaise vie, déjà renégat dans son cœur, se laissa séduire par ces promesses, alla trouver le gouverneur de Iendo, et lui donna par écrit les noms de plus de cinquante chrétiens, du Père Jérôme de Angelis de la Compagnie de Jésus, et du Père François Galvez, franciscain, qu'il assurait être tous dans la ville. On arrêta incontinent beaucoup de ces chrétiens qui confessèrent la foi avec intrépidité. Mais ils s'embarrassèrent dans leurs réponses au sujet des deux Pères; alors le gouverneur en fit mettre un, nommé Pierre, à la question, lequel finit par avouer que le Père de Angelis, le seul dont il sût quelque chose, restait chez Léon Takeia. Les gens de la justice y coururent aussitôt pour le saisir, mais les fidèles l'avaient déjà fait évader. Léon fut arrêté et mis à la question pour dire ce qui en était; comme on n'en pouvait tirer que ces paroles : « Je suis chrétien, » il fut confronté avec Pierre qui lui rappela le jour, l'heure même où il avait vu le Père de Angelis chez lui. Léon avoua qu'en effet ce Père avait passé chez lui ce jour-là, mais qu'il avait quitté sa maison et s'en était allé Dieu sait où.

Pendant cet interrogatoire de Léon, le bruit se répandit, peut-être par un artifice du gouverneur, que si le Père Jérôme se présentait, Léon deviendrait libre. Le Père l'ayant appris résolut, après avoir consulté Dieu dans la prière, de se présenter de lui-même au gouverneur afin de sauver la vie à son hôte. Les fidèles firent d'abord tout auprès de lui pour le détourner de ce projet; mais le voyant inébranlable ils s'offrirent à l'accompagner et à mourir avec lui. Il n'y consentit que pour son catéchiste Simon Iempo, qui lui protestait, les larmes aux yeux, qu'il ne s'éloignerait jamais de sa personne. Ils revêtirent l'habit de la Compagnie de Jésus, se présentèrent ensemble au gouverneur, subirent un interrogatoire et furent envoyés à la prison publique.

Pendant ce temps-là on pratiquait partout les plus minutieuses perquisitions pour découvrir le Père François Galvez. Les fidèles ne pouvant plus le cacher l'avaient fait passer à Comacura, à une journée de distance. Mais on en eut vent, et des employés de la cour furent envoyés à sa poursuite. Ils réussirent, au bout de neuf jours, à mettre la main sur lui et ils le conduisirent à la prison de Iendo avec grande joie et grand bruit. Nos deux religieux passèrent environ trois mois avec plus de cinquante chrétiens arrêtés pour la foi dans un exercice continuel de souffrances et d'exercices de piété. Ils se trouvaient mêlés à un grand nombre de païens, la lie du peuple et coupables de tous les crimes; ils les amenèrent par leurs exhortations à une vie plus rangée et quarante d'entre eux reçurent même le baptême. Là aussi était renfermé ce Pierre qui, vaincu par le tourment de l'eau, avait révélé l'asile du Père de Angelis. Il était rentré en lui-même, ne faisait plus que pleurer jour et nuit sur sa faute et en restait inconsolable.

Sur la fin de novembre, le nouveau Xongun revint à Iendo de Méaco où il s'était fait reconnaître empereur; on lui fit savoir qu'il y avait des chrétiens et des Pères incarcérés. Sans en demander davantage : « Qu'on les fasse tous périr par le feu, dit-il, les uns parce qu'ils ont professé cette loi, les autres parce qu'ils l'ont enseignée. » Le lendemain, 4 de décembre, les exécuteurs vinrent tirer de la prison les confesseurs de Jésus-Christ. Les deux Pères et un gentilhomme de grande noblesse, nommé Jean Faramondo, furent mis à cheval; les autres au nombre de quarante-sept marchèrent à pied, divisés en trois bandes. Avant et derrière eux se trouvaient les chefs de la justice et des deux côtés un grand nombre de soldats armés. On les donna ainsi en spectacle dans les

8.

principales rues de Iendo, puis on les conduisit hors de la ville au lieu de leur supplice, où étaient préparés les poteaux et les bûchers. Tout autour se pressait un peuple innombrable. Les quarante-sept victimes venues à pied furent brûlées en premier lieu. Pendant l'exécution, les deux Pères et Faramondo, toujours à cheval, prêchaient au peuple l'un après l'autre, avec une grande ardeur. Le Frère Simon Iempo prit aussi la parole du milieu de son bûcher.

Vint le tour des trois derniers martyrs. Ils descendirent de cheval et furent liés à leurs colonnes. Faramondo du côté de la ville, le Père Galvez du côté opposé et le Père de Angelis au milieu. Quand le feu eut été mis au bûcher, on vit le Père de Angelis se tourner vers Iendo ; tantôt il levait les yeux au ciel, tantôt il les abaissait sur la ville, priant Dieu de dissiper l'aveuglement de ses habitants idolâtres. Puis, comme la flamme devenue très-haute était portée de son côté, il lui présenta le visage et sans plus se mouvoir il en reçut intrépidement les tourbillons. C'était un spectacle touchant que de voir la posture des martyrs mourants et qu'ils gardèrent encore après leur dernier soupir. Les liens du Père Galvez résistèrent au feu, et soutenu par eux, il resta droit sur ses pieds. Faramondo dont la colonne fut brûlée par le pied tomba étendu avec elle. Le Père de Angelis, dont les liens ne furent consumés qu'en partie, tomba sur les genoux et conserva cette position.

Les corps de tous ces martyrs restèrent sur le lieu de l'exécution pendant trois jours et trois nuits, un écriteau planté sur un pieu indiquait ainsi la cause de leur mort : Ces hommes ont été punis de ce supplice parce qu'ils sont chrétiens. Malgré le grand nombre de gardes qui faisaient continuellement la ronde autour du bûcher, les chrétiens vinrent à bout d'enlever les corps des deux religieux et quelques autres encore. Nous voyons dans les procès-verbaux que la tête du Père de Angelis fut transportée d'abord à Nangasaki, puis au collège de Macao, en Chine. Cinquante confesseurs de la foi reçurent la couronne du martyre dans cet holocauste, mais on n'a pu se procurer de témoignages juridiques que sur les trois religieux. Nous allons donner quelques détails sur leur compte.

Le Père Jérôme de Angelis était de Castro Giovanni, en Sicile. Il étudiait le droit civil à Palerme, lorsque, faisant les exercices spirituels de saint Ignace, il résolut d'entrer dans la Compagnie de Jésus et fut admis à Messine à l'âge de dix-huit ans. On lui accorda de partir pour la mission du Japon pendant son théologat et avant d'être prêtre. Il employa six pénibles années à se rendre sur le théâtre de ses travaux, nous en avons parlé dans le récit du martyre du Père Spinola. Enfin, ayant reçu les saints ordres à Lisbonne, il débarqua au Japon en 1602 et donna successivement ses soins aux chrétiens de Fuximi, de Surunga, de Iendo et de Méaco. La persécution de 1614 le poussa à Nangasaki, et il ne dut qu'à ses grandes instances de rester au Japon. Il vécut à Ozaca sous le costume du pays. Là il lia une étroite amitié avec deux gentilshommes du royaume d'Oxu qui le conduisirent aux confins du Japon, à Xendai, où aucun ministre de l'Évangile n'avait encore pénétré. Il y convertit plus de dix mille idolâtres. Les royaumes de Deva, Giecigno et Sando lui doivent la fondation de leurs chrétientés. Le premier il passa du Japon à Jesso pour y prêcher la foi. Ce véritable apôtre avait un zèle infatigable qui ne reculait devant aucune difficulté dès qu'il s'agissait du service de Dieu. Il vécut cinquante-six ans, dont trente-trois dans la Compagnie de Jésus et vingt-cinq ans au Japon. Il avait fait la profession des quatre vœux douze ans avant sa mort.

Le Père François Galvez, espagnol, était né à Utiel dans la Castille en 1576. Il entra à l'âge de vingt-quatre ans chez les Franciscains déchaussés dans le couvent de Saint-Jean della Rivera à Valence, après avoir terminé son cours de théologie et reçu le diaconat. Le désir des missions d'Orient le fit passer à Manille dans les Philippines en 1609, et de là au Japon en 1612. Il y travailla sans relâche pendant deux ans au bien des âmes; la persécution le contraignit de retourner à Manille en 1614, d'où il se rendit à Méaco dans l'espoir de rentrer plus facilement dans sa chère mission. Comme personne n'osait courir les risques de cette entreprise, il se peignit le corps en noir, parvint à se faire prendre pour un esclave maure et trouva ainsi le moyen de repasser au Japon en 1618. Il fut envoyé dans le royaume d'Oxu, puis à Iendo où il cueillit la palme du martyre à l'âge de quarante-huit ans, après vingt ans de profession religieuse. On lui doit la traduction de plusieurs ouvrages en langue japonaise et entre autres celle de la vie des saints. Son humilité, sa charité, son union avec Dieu et sa rigoureuse mortification le faisaient universellement estimer et aimer.

Le frère Simon Iempo avait quarante-trois ans et était né à Notzu, dans le royaume de Fingo. Sa première enfance se passa dans un couvent de bonzes; mais leur supérieur s'étant converti, Simon suivit son exemple et fut baptisé à seize ans; à dix-huit, il entra dans un séminaire de la Compagnie de Jésus. Il resta pendant vingt-cinq ans attaché aux Pères et presque toujours dans l'emploi de catéchiste.

Son zèle industrieux convertit à la foi une foule d'idolâtres et lui valut beaucoup de mérites par la rude vie qu'il menait, surtout quand le Père de Angelis le prit pour compagnon de ses fatigantes missions. Mais l'espérance de mourir religieux de la Compagnie de Jésus et en témoignage de la foi, lui rendait ses fatigues légères et douces. Il obtint le double objet de ses désirs : le Père de Angelis l'accepta pour compagnon en allant au martyre, et le reçut dans l'Ordre avec l'autorisation du Père provincial [1].

XXI

MORT CRUELLE DU BIENHEUREUX PÈRE JACQUES CARVALHO DE LA COMPAGNIE DE JÉSUS, GELÉ DANS L'EAU
1624, 22 FÉVRIER

Masamune, roi d'Oxu, était à Iendo, à la cour du nouvel empereur, lors du martyre des cinquante chrétiens brûlés vifs; il fut témoin de cette horrible boucherie et s'empressa d'expédier immédiatement après un courrier à Xendai, sa ville capitale, avec les ordres les plus absolus pour le gouverneur de

[1]. Bart., lib. IV, n° 64.

rechercher les chrétiens et de les forcer sous peine de mort à renier la foi. On en surprit vingt-trois qu'on fit mourir par divers genres de supplices. L'éloignement des lieux, car cette ville est située à l'extrémité du Japon, a empêché d'obtenir des dépositions précises sur tous ces martyrs, si on en excepte le bienheureux Père Jacques Carvalho, de la Compagnie de Jésus, dont nous allons raconter la glorieuse mort.

Il fut arrêté sur le territoire d'Oroxie, où il préparait les fidèles à soutenir les nouvelles épreuves dont ils étaient menacés. Les persécuteurs ayant quelques données de sa présence en ces lieux y expédièrent des soldats pour le prendre. Mais déjà le Père, avec soixante chrétiens qui l'entraînèrent à leur suite, était allé se cacher, non très-loin de là, dans un lieu désert et à l'abri de tout soupçon. C'était un vallon fermé, environné de grottes profondes où l'on échappait facilement à tous les regards. Les envoyés du gouverneur avaient perdu leur temps et leur peine à chercher le missionnaire dans tout le canton d'Oroxie; ils s'en retournaient découragés à Mivage, quand un d'eux avisa des traces laissées sur la neige par nos fugitifs; ils suivirent ces traces à l'aventure et finirent par les atteindre. Les premiers qu'on interrogea répondirent franchement qu'ils étaient chrétiens, ainsi que les seconds et les troisièmes. Le Père Jacques sortit alors de sa retraite, s'avança vers les envoyés, leur dit qu'il était le Père qui enseignait le chemin du ciel, et se mit à les prêcher avec beaucoup de feu, en sorte que ses autres compagnons, cachés dans des grottes plus éloignées, eurent le temps de fuir dans les bois. Il en resta seulement dix, ceux qui étaient déjà arrêtés et quelques autres qui ne voulurent pas se séparer de leur Père.

On les conduisit en spectacle, les mains et le corps garrottés, dans tous les environs d'Oroxie, puis on les dirigea à pied vers Xendai. C'était le 9 février, la neige tombait comme de coutume sur cette partie du Japon la plus élevée et la plus sauvage. Le chemin que les rochers et les précipices rendent déjà si difficile était encombré et même fermé par les neiges; pour comprendre combien fut pénible le voyage des serviteurs de Dieu, il suffira de dire qu'ils mirent huit jours à faire un trajet qui n'en demande ordinairement que trois. Deux d'entre eux, avancés en âge et épuisés par les souffrances de la nuit précédente, qu'ils avaient passée nus et exposés à la rigueur du froid, ne pouvaient plus se traîner à pied, les gardes les décapitèrent sur le bord de la route. Les autres, réduits à un état pitoyable et à moitié gelés, arrivèrent à Xendai, le 17 février, avec le Père Jacques Carvalho, leur soutien pendant ce voyage. Le lendemain, 18 février 1624, on les soumit à un genre de supplice qu'on n'avait pas employé jusqu'alors. Sur le rivage au pied de la forteresse et en vue du palais de Masamune, on creusa une fosse carrée qu'on entoura de pieux, et où l'eau de la rivière arrivait par un petit canal. Vers les dix heures du matin on y fit asseoir le Père Carvalho avec ses huit compagnons, on lia le Père aux poteaux et on l'exposa dépouillé de ses vêtements à cet horrible tourment de l'air et de l'eau glacés. Outre les exécuteurs un grand nombre de païens se trouvaient là qui à tout moment l'engageaient à haute voix de renoncer à Jésus-Christ. Mais le saint homme, ne faisant aucune attention à leurs paroles, encourageait ses compagnons de souffrances, ou priait dans un profond recueillement. Au bout de trois heures le juge le fit sortir de la fosse et reconduire en prison, ayant ses membres engourdis et devenus insensibles. Il reçut alors la visite d'un officier envoyé par le gouverneur, pour lui dire que ce premier châtiment était en punition d'avoir prêché la loi chrétienne, et qu'il devait maintenant la renier. Le Père répondit tranquillement : « Le Dieu, dont je prêche la loi, est le véritable, le seul Dieu, créateur

9

du ciel et de la terre à qui tout homme doit obéissance, je ne le renierai jamais. — Et si l'on voulait vous brûler, reprit l'envoyé, êtes-vous assez ferme pour ne pas vous rendre? — Très-ferme, répliqua le Père, je regarderais ce supplice comme une grâce singulière. » L'officier partit et porta la réponse au gouverneur. Celui-ci donna ordre, quatre jours après, le 22 de février, de reconduire le Père à la même fosse et de l'y laisser mourir de froid. La sentence fut mise à exécution. Les bourreaux, afin d'augmenter les souffrances du serviteur de Dieu, le forçaient à se tenir debout ayant l'eau jusqu'aux genoux, pendant que la neige tombait à flocons épais et qu'il soufflait un vent glacial. Le Père résista à ce supplice depuis dix heures du matin jusqu'au soir fermant l'oreille aux cris du peuple qui ne cessait de l'engager à renier la foi. Tout le monde se retira vers le coucher du soleil, à l'exception des gardiens et de quelques chrétiens qui voulurent être témoins des derniers moments du confesseur de la foi. Ils l'entendaient rendre grâces à Dieu et invoquer Jésus et Marie; sa voix s'éteignit peu à peu et il se reposa dans le Seigneur un peu avant minuit.

Le Père Jacques Carvalho avait reçu le jour à Coïmbre en Portugal, il mourut âgé de quarante-six ans. Il en avait consacré trente au service de Dieu dans la Compagnie de Jésus et quinze dans le Japon, sauf le temps de son exil, pendant la persécution de 1614. Il profita de cet intervalle pour fonder avec le Père François Buzomi la mission de la Cochinchine. A sa rentrée au Japon, on lui assigna la chrétienté d'Omura; il y fit en 1617 la profession solennelle des quatre vœux, puis devenu le compagnon du Bienheureux Père Jérôme de Angelis, il passa dans les royaumes d'Oxu et de Deva. Sa douceur et son humilité lui gagnaient tous les cœurs. Il n'était jamais las de travailler, ni rassasié de souffrir. Et ce qui lui rendit sa mission si chère dans ces royaumes du Nord c'est qu'ils forment la partie la plus rude et la plus triste du Japon.

A la fin du jour suivant, son corps fut retiré de la fosse et donné à un seigneur chrétien qui le fit enterrer[1].

XXII

CINQ RELIGIEUX DE DIVERS ORDRES BRULÉS VIFS A XIMABARA
1624, 25 AOUT

Descendons de ces dernières limites du Japon et revenons de nouveau à Omura pour y être témoin

[1]. Bart., lib. IV, n. 35.

d'un noble triomphe de notre foi dans le martyre de cinq religieux de divers ordres brûlés à petit feu pendant trois heures consécutives. Le Père Pierre Vasquez de l'ordre de Saint-Dominique, tomba le 18 avril 1623, entre les mains des persécuteurs, et le Père Michel Carvalho de la Compagnie de Jésus, le 21 juillet; ils furent envoyés à Omura et renfermés, en attendant leur exécution, dans une horrible prison. Ils y trouvèrent le Père Louis Sotelo et le Père Louis Sasanda tous deux prêtres, avec un frère lai de Saint-François nommé Louis Baba.

Il n'est pas facile de dire tout ce que les serviteurs de Dieu souffrirent dans cette prison où ils restèrent environ un an et demi. Elle était longue de huit palmes et large de onze seulement, ouverte de tous côtés et exposée aux intempéries des saisons. On ne leur donnait qu'une nourriture mauvaise et en petite quantité; ils y enduraient un continuel martyre. « Nous sommes tous, écrit le Père Carvalho, affaiblis et malades de corps, mais fortifiés et consolés dans le cœur, parce que Dieu, qui est le Père des miséricordes, donne plus de secours et de faveurs quand les travaux sont plus rudes. S'il est du service de Dieu que je meure dans cette prison, mangé par la vermine et couvert d'immondices, que sa volonté soit faite, j'y suis disposé. »

Les cinq martyrs animés des mêmes sentiments se préparaient à des épreuves plus grandes encore, lorsque, le 22 août de cette année 1624, deux commissaires arrivèrent à Omura. Le gouverneur de Nangasaki les y envoyait pour présider en son nom à l'exécution de la sentence qui condamnait au feu les confesseurs de la foi. La matinée du jour suivant, on les tira de prison, on leur mit au cou, comme on fait toujours aux condamnés, une corde que le bourreau, placé à côté de chacun d'eux, tenait par une extrémité; ils furent conduits droit au rivage, montèrent en barque, et, après une demi-lieue de navigation, abordèrent à Foco, près de Ximabara, où l'on avait préparé d'avance cinq poteaux avec un bûcher à l'entour. Déjà les officiers préposés à la justice et un grand peuple de spectateurs s'y étaient rendus. Quand les martyrs eurent pris terre, ils remercièrent les bateliers de les avoir conduits à ce terme de leurs désirs, après lequel ils avaient soupiré de si loin et si longtemps, puis ils marchèrent à la mort en chantant des hymnes et des psaumes. Chacun portait l'habit de son Ordre, tenait une croix à la main, et exprimait sur son visage pâle et défait une si grande allégresse, que les païens eux-mêmes en étaient dans l'admiration, et disaient que ces hommes semblaient aller à une fête plutôt qu'à la mort. Lorsque les commissaires les virent devant eux, ils demandèrent au Frère Louis le nom, l'âge et la patrie des cinq condamnés ; le gréffier en prit acte, qu'il envoya ensuite à la cour avec l'attestation de leur mort.

Alors le Père Michel Carvalho s'avança un peu, et se mit à donner à ces officiers de la justice des avis touchant le salut de leur âme. Le Père Sotelo voulut aussi prendre la parole à son tour. Mais ces hommes indignés de voir leurs accusés se faire leurs juges et les condamner à la mort éternelle s'ils n'observaient pas une loi qu'ils proscrivaient, ordonnèrent aux bourreaux, avec des paroles grossières, de les emmener de suite. Les bourreaux les tirèrent en arrière par la corde qu'ils avaient en main, les conduisirent à leurs poteaux et les lièrent légèrement avec des cordes minces afin qu'ils pussent sortir du feu s'ils le voulaient, ou du moins s'y débattre. Ils espéraient que la douleur d'un feu lent ferait des apostats parmi leurs victimes, ou leur arracherait des cris et des gestes qui prêteraient à rire et à tourner en ridicule la loi chrétienne. Ils ne pouvaient souffrir la haute estime où l'avaient mise l'immobilité et la constance de tant d'autres chrétiens morts dans les flammes. Le Père Carvalho était lié au premier poteau, après lui le Père Vasquez, puis les Pères Sotelo et Sasanda, enfin le Frère Baba. Voici un petit trait à la fois de grossièreté d'un bourreau et de patience du Père Vasquez. La corde qui pendait du sommet du poteau s'était à moitié déliée, et comme l'exécuteur ne parvenait pas à la rattacher, il monta sur les épaules de ce Père pour en venir plus facilement à bout. Celui-ci le supporta patiemment sans faire aucun mouvement et comme s'il ne s'en était pas aperçu. On mit le feu aux broussailles, et quand la flamme s'éleva, le Père Carvalho entonna une prière que les autres continuèrent à chanter. Le bois était en petite quantité, assez séparé et distribué d'une manière inégale, de sorte que quelques-uns souffrirent plus longtemps que les autres et que leur supplice dura jusqu'à trois heures consécutives. Le Frère Louis reçut le premier la couronne du martyre; sa corde étant brûlée, il se trouva libre, alla baiser les mains aux Pères Sotelo et Vasquez, revint à son poteau, s'y tint ferme jusqu'à son dernier soupir, après lequel il tomba. Le Père Sasanda qui était auprès de lui parut vouloir l'imiter, mais ses pieds, déjà fortement atteints par le feu, ne l'auraient pas porté, il se contenta de se tourner vers les Pères et de les saluer en s'inclinant; il tomba le troisième, après le Père Carvalho, que le feu brûlait de trois côtés à la fois. Comme les Pères Vasquez et Sotelo vivaient encore et que le bois commençait à manquer, les exécuteurs rapprochèrent de leurs victimes les restes du feu, y ajoutèrent la paille et tout ce qui se trouva sous leur main, de telle façon que les deux confesseurs de la foi tombèrent à leur tour et expirèrent bientôt l'un après l'autre gisant à terre. Le courage inébranlable de ces martyrs au milieu d'un aussi affreux supplice, tourna tellement à la gloire de la foi chrétienne que, par un véritable miracle, les bonzes eux-mêmes en parlaient avec admiration : dans la saison où nous sommes, disaient-ils, un léger rayon de soleil nous est tellement pénible que nous le ne souffrons pas sans impatience, où donc ces hommes, si cela ne leur vient pas du ciel, trouvent-ils ce courage, cette insensibilité, qui les font rester des heures entières dans le feu et y expirer, sans paraître en souffrir ?

On brûla de nouveau les corps pour les réduire en cendres, qu'on mit dans des sacs et qu'on dispersa au vent en pleine mer, on brûla les sacs eux-mêmes et on lava la barque avec le plus grand soin. Et malgré tout cela, les fidèles découvrirent encore quelques petits ossements, charbons et morceaux de poteaux qui avaient échappé aux bourreaux, et que la Providence laissait pour la consolation de ceux qui vinrent les chercher.

Le Père Michel Carvalho naquit en 1577 à Braga,

en Portugal et entra dans la Compagnie de Jésus, à vingt ans. Il alla aux Indes et de là à Macao en Chine ; le Père François Rodriguez, visiteur, l'envoya à Manille où il s'embarqua pour le Japon en habit de soldat et y aborda au mois d'août de l'année 1621. Il donna ses soins pendant deux années aux chrétiens des îles d'Amacusa, et passa ensuite dans les environs de Nangasaki. Il revenait d'Omura où on l'avait invité à venir entendre quelques confessions, lorsqu'il fut reconnu par un espion et livré aux mains des soldats. Ce fut un homme d'une vie fervente et austère. Il jeûnait trois jours de la semaine au pain et à l'eau, portait le cilice et prenait chaque jour la discipline jusqu'au sang. Les lettres qu'il a écrites de sa prison sont comme celles de saint Ignace martyr, pleines du désir de donner sa vie dans les tourments pour Jésus-Christ. Voici ce qu'il dit dans une lettre adressée au Père Benoît Fernandez : « Je m'estimerais bien partagé si on me plongeait dans un grand feu, où je brûlerais pour l'amour d'un Dieu si bon ! Que je serais heureux si on me coupait les membres en petits morceaux pour l'honneur de ce Seigneur qui m'a toujours soutenu, quoiqu'il sût combien grande est mon ingratitude ! O Jésus, plein d'amour, que doit faire ce misérable pécheur, quels tourments doit-il supporter pour vous être agréable ?

9.

Quelles croix, quels feux avez-vous préparés pour lui? Eh! Seigneur, que voulez-vous que je fasse? Donnez-moi de faire ce que vous commandez et commandez ce que vous voulez. Maintenant il vous faut, mon très-cher Père, aider cet indigne serviteur de vos ferventes prières et de vos saints sacrifices, afin que Dieu me donne la force de souffrir pour sa gloire et en témoignage de sa sainte loi toute espèce de peines, le feu, le fer, tout ce que les ennemis de Dieu pourront inventer contre moi. Que le monde, ses honneurs, ses plaisirs, ses biens me soient toujours en horreur. Que mes seules joies soient de souffrir pour Jésus-Christ : s'il plaît à sa divine majesté que je meure dans cette prison de pur ennui, *fiat voluntas ejus*; si elle veut que je vive dans ce lieu étroit et désert, accablé de douleurs et d'infirmités jusqu'au jour du jugement, je ne le refuse pas. Et comme on écrit de Nangasaki que notre fin est proche, je prends par cette lettre congé d'un ami, de Votre Révérence que j'aime tant dans le Seigneur. Priez pour moi, mon Père, je le ferai toujours pour vous. De la prison d'Omura, le 10 février 1624, votre serviteur et ami indigne, emprisonné pour ses péchés, Michel Carvalho. » Il était profès des quatre vœux et vécut quarante-sept ans.

Le Bienheureux Père Pierre Vasquez, espagnol,

appelé aussi de Sainte-Catherine, naquit à Berin en Galice. Il entra dans l'ordre des Frères Prêcheurs à Madrid, alla à Manille et de là au Japon, conduit par le désir de gagner des âmes à Jésus-Christ. Il écrivait de la prison d'Omura en date du 22 janvier 1624 à Don Jean-Baptiste de Herrera : « Mon emprisonnement eut lieu le troisième jour après Pâques quand je cachais le corps du glorieux martyr, le Père Louis Flores. Je restai dans la prison de Crusmake jusqu'au jour de la Fête-Dieu où l'on me conduisit dès le matin, dans celle d'Omura, ou pour mieux dire dans une cage. Elle n'a pas plus de neuf palmes de longueur, neuf de hauteur et onze de largeur ; nous y sommes quatre prêtres et un frère. Néanmoins bien qu'elle soit si étroite elle nous paraît un paradis par la grande consolation que Notre Seigneur nous y donne ; et quoiqu'il y ait onze mois qu'on m'ait arrêté, il me semble que c'était hier... Chaque jour de retard de l'exécution nous paraît une année. » On voit par ces lignes quels étaient et sa joie de souffrir et son désir de donner sa vie en témoignage de la foi.

Le Bienheureux Père Louis Sotelo était aussi espagnol ; il vint au monde, à Séville, d'une famille noble. Ses études faites dans l'université de Salamanque, il entra chez les Frères Mineurs au couvent du Calvaire. Ses supérieurs lui permirent, après son ordination, de passer à Manille, en 1601, avec d'autres religieux de son Ordre. Il s'occupa d'abord à Dilao des Japonais commerçants et autres, dont il forma une congrégation particulière. Puis, s'étant rendu au Japon, il y travailla au ministère apostolique pendant dix ans. La persécution de Daifusama lui donna beaucoup à souffrir dès son début. Il fut mis en prison et sur le point d'être condamné à mort. Masamune, roi d'Oxu, l'envoya avec Faxecura Rocuiemon, son ministre, comme ambassadeur en Europe. Il vint en Espagne en 1613, et puis à Rome, où il fut question de le choisir pour être évêque d'Oxu. De retour en Espagne, il vit surgir de nouvelles difficultés au sujet de l'ambassade; mais il obtint de retourner au Japon et il y arriva en 1622. Les choses, à cette époque, étaient bien changées, et Masamune, faisant volte-face, était devenu un des plus déclarés persécuteurs de la foi. Aussi le Bienheureux Père, trahi, à ce qu'il paraît, par les gens mêmes du navire qui l'avaient amené, fut livré à Nangasaki, entre les mains des persécuteurs avec ses deux compagnons. Voici le témoignage qu'en a rendu le Frère Jean-Baptiste Pier, et que nous voyons dans le procès-verbal de Manille : « Le témoin déclare qu'il a connu le Père Louis Sotelo en

Espagne dans plusieurs couvents de l'Ordre et qu'il l'accompagna dans sa traversée aux Philippines en 1599. Le serviteur de Dieu passa au Japon un an après le témoin; il savait très-bien la langue et prêchait avec beaucoup de zèle, aussi a-t-il travaillé avec grand succès au salut des âmes. Le roi d'Oxu l'envoya comme ambassadeur en Espagne; et le serviteur de Dieu, étant revenu pendant la persécution, fut fait prisonnier aussitôt qu'il eut mis le pied à Nangasaki [1]. »

Les deux autres étaient japonais. Le Bienheureux Père Louis Sasanda, fils de Michel Sasanda, martyr à Iendo, suivit le Bienheureux Père Sotelo jusque dans la Nouvelle-Espagne, où on l'admit dans l'ordre des Frères Mineurs. Plus tard, il fut élevé au sacerdoce à Manille. Tous l'admiraient, dès sa jeunesse, par sa modestie angélique, la pureté de ses mœurs, et la dévotion avec laquelle il assistait ou servait aux saints mystères. Le gouverneur de Nangasaki voulait lui sauver la vie : plusieurs fois il essaya de lui persuader de renier la foi. Mais le saint homme méprisa toujours généreusement et les promesses et les menaces, il préféra les souffrances de la prison et la mort la plus cruelle.

1. *Process. apost.*

Le Bienheureux Louis Baba servit de catéchiste, pendant un grand nombre d'années, aux Pères de Saint-François, et puis accompagna le Père Sotelo dans ses longs voyages, en Espagne, en Italie, au Mexique, laissant partout de beaux exemples de piété. La vue du Vicaire de Jésus-Christ et des monuments sacrés de la ville de Rome l'affermit de plus en plus dans ses bons sentiments. A son retour au Japon, il tomba entre les mains des ennemis de la foi et mérita d'être reçu dans l'ordre de Saint-François, et de faire dans la prison sa profession de frère lai.

XXIII

CAIUS DE CORÉE, CATÉCHISTE
DES PÈRES DE LA COMPAGNIE DE JÉSUS, BRÛLÉ VIF A NANGASAKI
1624, 15 NOVEMBRE

Caius, catéchiste des Pères de la Compagnie de Jésus, né en Corée, est le dernier martyr de cette année 1624. Sa vie est remplie de choses merveilleuses, même quand il était encore païen. Ainsi il se renferma dans une caverne, et y passa un mois dans la plus entière solitude, ne vivant que de feuilles d'arbres, priant Dieu de sauver son âme. Dans une vision, un vieillard lui annonça qu'il passerait la mer et trouverait un maître pour lui enseigner le chemin du salut. L'une et l'autre prédiction se vérifièrent; car, ayant été emmené au Japon comme prisonnier de guerre, il se mit plus que jamais à rechercher le chemin du salut. Pensant le trouver parmi les bonzes, il entra dans un des plus célèbres monastères de Méaco; mais il apprit, dans une nouvelle vision, qu'il était bien plus éloigné de son but qu'auparavant; alors il se confia aux mains des Pères de la Compagnie de Jésus, qui l'instruisirent et le baptisèrent à Méaco en le nommant Caius. Dès ce jour, il fut sans cesse auprès d'eux pour les entendre parler des choses de la religion; puis il les accompagna, comme catéchiste, à Ozaca, à Sacaï et dans les royaumes de Tacacu, jusqu'à ce que Juste Ucondono, homme considérable et de sainte vie, ayant été banni, il le suivit à Manille dans son exil. Mais Juste étant venu à mourir, Caius revint à Nangasaki et ne s'occupa plus que d'œuvres de charité.

Il visitait fréquemment les chrétiens emprisonnés, et il ne cessa jamais de le faire, malgré les jours de prison et les bastonnades qu'il en recueillait. Le gouverneur Gonrocu chercha, par ses promesses et ses menaces, à lui faire renier la foi. Mais, voyant qu'il n'aboutissait à rien, il finit par le condamner au feu, après l'avoir retenu longtemps en prison. Caius marcha joyeusement au supplice, et quand le bûcher brûlait avec le plus de force, il se mit à genoux et remercia Dieu à haute voix de l'avoir favorisé d'un si grand honneur. Il expira en achevant les derniers mots de sa prière.

Le Père Pierre de Moréjon, après avoir terminé, par le récit de ce martyre, les Mémoires de l'année 1624, donne une espèce de résumé des faits que je crois bon de rapporter ici : « Un travail, dit-il, m'a bien consolé : c'est d'avoir constaté que, dans les dix années de 1614 à 1624, on compte au Japon cinq cent cinquante très-glorieux martyrs, sans parler de ceux dont nous n'avons pas de renseignements, ou qui ont péri dans les souffrances et les misères de l'exil : ils sont assurément en grand nombre. Parmi les chrétiens martyrisés, cent quatre-vingt-seize ont été brûlés vifs, et les autres crucifiés, décapités, gelés dans l'eau, plongés vivants dans la mer, lapidés, etc. On y vit des hommes, des femmes, des petits enfants, des religieux. Et, malgré la violence de la persécution, je trouve, compte fait, d'année en année, que, dans le cours de ces dix années, plus de dix-sept mille adultes ont été baptisés. » C'est ainsi que se vérifie la célèbre parole de Tertullien : « Que le sang des martyrs est la semence de nouveaux chrétiens. »

XXIV

LE BIENHEUREUX PÈRE FRANÇOIS PACHECO
ET HUIT AUTRES RELIGIEUX DE LA COMPAGNIE DE JÉSUS
BRULÉS A NANGASAKI — 1626, 20 JUIN

Vers le milieu de l'année 1626, l'empereur envoya de Iendo à Nangasaki Midzuno Cavaci, pour succéder à Gonrocu dans la charge de président et de juge ordinaire, non-seulement de la ville, mais de tous les petits royaumes qui l'entourent. A peine le nouveau gouverneur fut-il arrivé, qu'il publia de terribles édits pour détruire la foi et exterminer les fidèles. En voici la teneur : — Sous peine capitale : Qu'on ne baptise plus les enfants, qu'on ne lise pas de livres chrétiens, qu'on ne suive pas le calendrier européen, qu'on ne fasse aucune assemblée religieuse. Un homme né au Japon, et qui en est dehors, doit, s'il est chrétien, renier en y rentrant; qu'aucun renégat ou païen, qui va trafiquer à Macao, ne prenne logis ailleurs que dans la maison d'un païen ou d'un renégat. Qu'on ne reçoive dans aucun port de vaisseau venant des Philippines. Celui qui sait où se trouvent des religieux, doit les dénoncer en même temps que les familles qui les logent; celui qui le fera spontanément en aura mérite et récompense, celui qui s'en abstiendra sciemment sera puni de mort. — Cela fait, Cavaci envoya partout, jusque sur les montagnes et dans les lieux les plus déserts, des espions en grand nombre, qui devaient se tenir continuellement postés, comme des chasseurs aux aguets, pour arrêter les passants dans l'espérance de rencontrer quelque religieux.

Or, le premier qui tomba entre leurs mains fut, par la qualité de la personne, la plus grande et la plus précieuse proie qu'eussent encore faite les persécuteurs; c'était le Bienheureux Père François Pacheco, provincial de la Compagnie de Jésus, et par commission apostolique administrateur de l'évêché et chef de toutes les chrétientés du Japon. Il avait établi sa résidence à Cocinotzu d'Arima, lieu situé sur le rivage de la mer, commode pour recevoir ou envoyer des messages et pour s'embarquer, si quelque affaire urgente le demandait; il logeait chez les Frères Mancius et Mathias, de la très-noble famille des Araki, et avait placé le Frère Gaspard Sanda-matzu, son compagnon, chez Pierre Kiobioie, parent des Araki, dont la demeure était presque contiguë. Un misérable, qui de plus était renégat, alla les dénoncer aux gouverneurs de Ximabara, afin d'obtenir la récompense promise. Ceux-ci prennent aussitôt une grande troupe armée, et, à la suite du traître, ils fondent à l'improviste sur les deux maisons des Araki et des Kiobioie, et en ramènent tout triomphants le Père François Pacheco, le Frère Gaspard, les deux familles des hôtes, et de plus Pierre Rinxei, catéchiste, Paul Xinsuke et Jean Kinsako, que leurs travaux pour la religion, pendant de longues années, firent enfin recevoir dans la Compagnie de Jésus.

Quatre jours après l'emprisonnement du Père Pacheco à Ximabara, vint celui du Père Jean-Baptiste Zola, de Vincent Caun, son catéchiste, et de son hôte Jean Naisen, avec Monique sa femme et Louis leur fils. On mena les familles des hôtes à part, et nous en parlerons en son lieu; les deux Pères, avec leurs catéchistes et leurs serviteurs, furent enfermés dans deux prisons étroites, construites exprès sur un rempart de la forteresse de Ximabara. Ils y endurèrent, six mois et plus, toute espèce de privations et de souffrances.

Enfin, le 15 mars 1626, on surprit le Père Balthasar de Torres avec Michel Tozo, son catéchiste et son compagnon, dans un petit village situé à moins d'un mille et demi de Nangasaki. Les gardes les conduisirent à Omura et les renfermèrent dans une enceinte palissadée de huit palmes en carré, où ils eurent pour nourriture quotidienne, pendant près de trois mois, une écuelle de riz noir avec une sardine salée, et plus d'une fois pourrie. Ils étaient néanmoins dans la jubilation aussi bien que leurs frères de Ximabara : ne touchaient-ils pas au terme de leurs désirs ? Cette joie éclata surtout dans les cinq compagnons du Père provincial, catéchistes et serviteurs, lorsqu'il leur accorda de faire les vœux de la Compagnie de Jésus, après les y avoir longuement préparés dans la prison par les exercices de la prière et de la pénitence.

Le nouveau président Cavaci, accompagné de Gonrocu, son prédécesseur, revint de Iendo à Nangasaki, le 17 juin ; ils se mirent aussitôt à expédier ensemble les causes capitales en matière de religion. Leur première sentence fut la peine de mort contre les neuf religieux emprisonnés. On dépêcha aux princes d'Omura et de Ximabara l'ordre de les envoyer à Nangasaki à un jour déterminé. Ceux de Ximabara furent tirés de leur prison et mis en route au milieu de la nuit. Les Pères François Pacheco, provincial, et Jean-Baptiste Zola, étaient portés par honneur dans des chaises fermées; les cinq Frères étaient à cheval, étroitement liés et ayant une corde au cou, dont un bourreau placé à l'étrier tenait l'extrémité. Leur escorte se composait de six officiers à cheval et de cinquante soldats, armés de fusils et de bâtons. Ils arrivèrent au lever du soleil à Fimi, éloigné de Nangasaki de deux lieues environ, et s'y arrêtèrent jusqu'à la matinée suivante. Pareillement, les deux prisonniers d'Omura furent conduits à Nixi de l'Uracami, le Père de Torres en chaise et le Frère Michel Tozo à cheval, avec une escorte de trente soldats, commandés par trois officiers. A Fimi, les deux heureuses troupes furent logées chez les chrétiens.

Il y avait plus d'une année et demie que Nangasaki n'avait vu d'exécution capitale pour cause de la foi. Aussi il fallut nettoyer toute cette place que nous avons décrite ailleurs, et y construire une nouvelle haie ou barrière pour environner le bûcher. Les poteaux ayant été plantés et le bois disposé à l'entour, deux employés, l'un nommé Sanzo, apostat, et l'autre Nangaxe Xendaiu, païen, vinrent en faire l'inspection. Celui-ci voyant les fascines en petite quantité et éloignées des poteaux, en demanda la raison. On veut, lui dit Sanzo, brûler plus lentement les condamnés, afin de retarder leur mort; Gonrocu, mon maître, l'a ainsi ordonné. Xendaiu en eut horreur : c'est là, s'écria-t-il, une cruauté à n'employer que par des barbares et à peine contre des assassins ; mais non par des Japonais contre des hommes qui meurent pour une cause aussi honorable que de prêcher leur loi ! Il alla, dit-on, en référer à Cavaci ; puis il revint, fit rapprocher le bois des poteaux et en ajouter une si grande quantité que les condamnés placés au centre du bûcher, le dépassaient à peine de la tête. La matinée était déjà avancée quand le Père provincial et ses compagnons se rendirent au lieu du supplice. Tout Nangasaki courut pour les voir, mais on ne pouvait guère distinguer les Pères Pacheco et Zola enfermés dans leurs chaises. Un Père les reconnut de l'intérieur de la maison d'un chrétien, et cette vue lui inspira un tel désir d'aller les embrasser et de partager leur heureux sort, qu'il eut toutes les peines du monde à se contenir. Les chrétiens leur criaient au passage de se souvenir d'eux dans le ciel. D'un côté ils étaient contents du triomphe que la foi allait remporter en ce jour, et de l'autre fort tristes de ne pouvoir y assister, car le bruit s'était répandu à tort ou à raison qu'on avait placé des soldats hors de la ville pour y faire rentrer à coups de fusil ceux qui chercheraient à en sortir. Les spectateurs ne manquèrent pas toutefois ; ils venaient des pays voisins avec toute leur famille sans se douter ou se soucier du danger qu'ils couraient, et même un bon nombre d'habitants de Nangasaki se rendirent par un long détour à la montagne au pied de laquelle est située la colline déjà consacrée par la mort de tant de martyrs, et qu'on avait préparée pour recevoir les neuf nouvelles victimes. En y arrivant avec ses six compagnons, le Frère Gaspar Sandamatzu se mit à prêcher au peuple, qu'il n'y avait pas d'autre moyen de sauver son âme que de suivre la loi chrétienne. Ce sujet convenait également aux chrétiens, aux apostats et aux infidèles qui formaient cet auditoire. Ils trouvèrent au lieu de l'exécution le Père Balthasar de Torres et le Frère Michel Tozo qui, ayant moins de chemin à faire, étaient arrivés un peu plus tôt. Le Père de Torres s'avança vers le Père provincial en s'inclinant respectueusement; puis tous ensemble, comme dans un beau jour de fête, de se saluer, de s'embrasser et de se montrer l'un à l'autre avec allégresse ces poteaux qui les attendaient maintenant et qu'ils avaient si longtemps attendus eux-mêmes. Ce spectacle remplissait les chrétiens d'une douce émotion et les païens d'un profond étonnement. Il y avait assurément bien lieu pour nos martyrs de se réjouir dans le Seigneur, ils se trouvaient neuf fils d'un même père, frères de religion, sur le point de glorifier Dieu en lui sacrifiant leur vie, et de donner aux Japonais cette dernière preuve de la foi qu'ils avaient prêchée. En ce moment le nouveau président Cavaci et le gouverneur apostat Feizo arrivèrent avec une nombreuse suite d'officiers et de soldats de diverses armes qui se rangèrent autour de l'enceinte palissadée. Les confesseurs de la foi s'y dirigèrent de leur côté, et le Père de Torres en passant devant le président idolâtre, le salua pour lui témoigner qu'il n'y avait aucun ressentiment dans son cœur ou qu'il se regardait comme très-obligé du bienfait de sa mort, le plus grand qu'il pût recevoir. Cavaci lui rendit son salut avec une pareille courtoisie. Une petite porte placée du côté de la mer donnait entrée dans l'enceinte palissadée qui entourait le bûcher ; les neuf confesseurs de la foi se mirent à genoux devant cette porte et prièrent quelque temps. Lorsqu'ils se furent relevés, les Japonais, très-observateurs des convenances, avertirent le Père de Torres de se reculer un peu pour laisser son supérieur, le Père provincial, entrer le premier ; car il leur semblait que, puisque les Pères réputaient à honneur de mourir ainsi, il fallait observer l'ordre dû à la dignité des personnes. Tous se mirent à genoux au pied du poteau assigné à chacun, l'embrassèrent et renouvelèrent l'offrande de leur vie. On les lia ensuite non plus seulement par les mains et très-légèrement, mais selon l'ancien usage en plusieurs endroits du corps et aussi étroitement que possible. Voici comme ils étaient rangés : le premier du côté de la mer, le Père Jean-Baptiste Zola ; après lui le Père Balthasar de Torres ; puis le Père François Pacheco, provincial ; ensuite les six Frères Pierre Rinxei, Michel Tozo, Vincent Caun, Paul Xinsuke, Jean Kinsaco et Gaspard Sandamatzu qui fut le premier à recueillir la palme du martyre. Le supplice des huit autres ne dura qu'un quart d'heure environ, car ils furent bientôt environnés de toutes parts par les grandes flammes qui s'élevaient de cette masse de bois. D'abord tout paraissait comme enseveli dans un nuage de fumée, bientôt les flammes s'en détachèrent, mais si épaisses et si hautes qu'elles laissaient encore les martyrs invisibles ; enfin peu à peu elles tombèrent, devinrent plus claires et permirent de les voir tous les neuf, le visage et les yeux tournés vers le ciel, pleins de consolation et de sérénité. On entendait les uns chanter des psaumes, les autres invoquer doucement les saints noms de Jésus et de Marie, et tous expiraient, ces paroles sacrées sur les lèvres. Leur triomphe eut lieu le 20 juin. Les corps continuèrent à être brûlés après leur mort, on ajouta du bois au bûcher jusqu'à ce qu'ils fussent réduits en cendres, qu'on recueillit et qu'on dispersa en haute mer.

Nous avons maintenant à donner une courte notice sur ces illustres confesseurs de Jésus-Christ.

Le Bienheureux Père François Pacheco naquit d'une famille illustre à Ponte de Lima, dans l'évêché de Braga. Il n'avait encore que dix ans quand, touché des exemples des martyrs dont il lisait les actes, il fit vœu d'être martyr lui-même. Plus tard la vue des trois Japonais qui passèrent par Lisbonne pour aller rendre obéissance au Souverain Pontife, lui donna un ardent désir d'être missionnaire au Japon. Et ce fut pour y parvenir qu'il entra dans la Compagnie de Jésus à l'âge de vingt ans, en 1586. Ses instances réitérées lui obtinrent en 1592 et à la fin de ses études, la permission de passer aux Indes. Les supérieurs lui firent enseigner la théologie scholastique à Macao jusqu'en 1604, où il put enfin pénétrer au Japon. Là, aussitôt qu'il parla la langue du pays, on lui assigna les royaumes de Cami pour champ de son apostolat. Il y revint plus tard en qualité de supérieur. Ses travaux à Ozaca, à Méaco, à Tacacu où il fut aussi supérieur, et en d'autres lieux, gagnèrent un grand nombre d'âmes à la foi. Il alla deux fois en Chine, l'une pour gouverner le collége de Macao, l'autre par arrêt de bannissement de Daifusama. Pendant deux années, l'évêque D. Louis Cerquiera le prit pour compagnon et vicaire général, et finalement il fut provincial et administrateur de l'évêché pendant les quatre dernières années. Ce fut un homme d'une prudence rare, humble, doux, austère pour lui-même et plein de charité pour les autres; réunissant toutes les vertus qui font le religieux d'une vertu consommée. C'est ce que le Bienheureux Père Jérôme de Angelis écrivait de lui dès 1614. Il mourut âgé de soixante-un ans.

Le Bienheureux Père Jean-Baptiste Zola était de Brescia, en Italie. Son zèle ardent le porta aux Indes en 1602 et au Japon en 1606. Il n'y arriva qu'après avoir été surpris par un horrible typhon dont il n'échappa que par miracle. Pendant vingt ans, Tacacu avec les îles environnantes fut sa résidence ordinaire. Quoique toujours infirme, il travaillait avec un courage infatigable à la conversion des âmes et à la composition de livres très-utiles. Toutes ses consolations étaient dans la pensée de mourir pour la foi. Il en écrivit au Père Spinola et au Père Navarro quand ils étaient en prison, et tous deux lui firent une promesse formelle de plaider sa cause aussitôt qu'ils seraient au ciel. Ils tinrent parole. Dieu daigna lui accorder la grâce du martyre à l'âge de cinquante ans. Il était profès des quatre vœux et avait passé trente-trois ans dans la Compagnie de Jésus.

Le Bienheureux Père Balthasar de Torres naquit à Grenade, en Espagne, d'une famille noble, dans l'année 1563. Il entra dans la Compagnie de Jésus à l'âge de seize ans. On fit de grandes difficultés, à cause de son génie supérieur, pour le laisser aller au Japon; il finit par en triompher et arriva dans cette mission en 1660, après avoir enseigné la théologie pendant huit ans, au collége de Macao. Il dépensa utilement ses forces dans presque tous les royaumes qu'il évangélisa en apôtre, jusqu'à ce que épuisé de fatigue, parvenu à l'âge de soixante-trois ans, il se retira à Nangasaki chez Jean Tanaca et Catherine, sa femme, pauvres mais fervents chrétiens, avec lesquels il fut arrêté et brûlé vif.

Gaspard Sandamatzu, né dans le royaume d'Omura, fut élevé dès son enfance dans le séminaire d'Arima, et reçu en 1582 dans la Compagnie de Jésus, à Bungo, quand la religion y florissait du temps du roi D. François. Sa grande habileté à écrire en japonais le fit choisir pour compagnon par plusieurs provinciaux. Étant en dernier lieu rentré au Japon avec le Père Pacheco, il mérita de mourir avec lui à l'âge de cinquante-neuf ans, dont il avait passé quarante-quatre dans la Compagnie. Il était coadjuteur temporel formé.

Pierre Rinxei, né à Faciran, fut élevé lui aussi

dans le séminaire d'Arima, il devint un excellent catéchiste, et pratiqua toutes les vertus dans un degré éminent. Les Pères s'en servaient utilement pour le bien des fidèles, et le Père Pacheco le garda près de lui pendant les huit dernières années de sa vie.

Paul Xinsuke, âgé de quarante-cinq ans, né à Usanda, eut l'avantage d'accompagner le Père Jérôme de Angelis pendant plusieurs années. Il servit ensuite de catéchiste au Père Pierre Paul Navarro ; et après sa mort il s'attacha au Père Pacheco dans l'espérance que toutes ces épreuves le feraient admettre dans la Compagnie de Jésus.

Jean Kinsaco de Cocinotzu, âgé de vingt et un ans, était dans la maison où le Frère Gaspard fut arrêté. L'un des envoyés de la justice demanda au Frère qu'on venait de lier, ce que ce jeune homme avait à faire là, et s'il n'était pas un des siens. Le Frère Gaspard qui voulait lui sauver la vie, répondit qu'il avait sans doute quelque affaire particulière et se retourna d'un autre côté comme s'il ne le connaissait pas. Mais Jean s'avança vers lui et les larmes aux yeux : « Quoi donc, dit-il, après avoir été des vôtres jusqu'à cette heure, je commencerais à n'en être plus ? Eh bien, j'en suis et j'en serai, Dieu merci, jusqu'à mourir avec vous. » Puis se tournant vers l'officier, il dit tant choses pour prouver qu'il était un des compagnons du Père provincial, qu'on le crut. On lui mit en conséquence la corde au cou et plus tard il fut conduit à la mort.

Le catéchiste du Père de Torres était Michel Tozo, âgé de trente-huit ans, né à Cingiva, et à qui Dieu donna le privilége d'employer sa vie au service de trois prêtres martyrs. Il servit d'abord de compagnon au Père de Angelis, puis au Père Sébastien Kimura, et enfin au Père de Torres avec qui il fut brûlé vif. Il avait été reçu auparavant dans la Compagnie de Jésus, seule grâce qu'il demandait en récompense de ses fatigues.

Mais Vincent Caun, né d'une famille noble dans la capitale de la Corée, semblait surpasser ses compagnons en tout genre de vertus. Il fut emmené au Japon comme prisonnier de guerre en 1591. Le Père Pierre de Morejon le baptisa dans le mois de décembre de la même année, il avait alors treize ans. Il passa quatre ans au séminaire d'Arima, et les vingt-neuf autres de sa vie dans l'emploi de catéchiste et de prédicateur, après avoir étudié dans ce but les principes de la théologie. On le chargea, en compagnie du Père Zola, de fonder une mission en Corée. N'ayant pu y passer par mer, ils tentèrent d'y pénétrer par la Chine, en 1612, et parvinrent, en la traversant presque entière, jusqu'à Pékin, mais ils furent obligés de renoncer à leur entreprise. Comme Vincent Caun possédait en perfection la langue et les caractères chinois, Bungodono, roi d'Arima, désira l'avoir à sa cour dans l'emploi de secrétaire. Il donna ordre de le forcer à renier la foi par tous les moyens possibles; et comme les promesses étaient inutiles, on en vint aux menaces et à la torture. Les bourreaux l'ayant tiré de prison prirent des tenailles et se mirent à lui tordre les doigts d'articulation en articulation, puis à lui déchirer tout le bras avec une cruauté inouïe, en lui demandant à chaque instant s'il renonçait à Jésus-Christ. Ensuite ils employèrent le tourment de l'eau; ils commençaient par lui en faire avaler autant que son corps pouvait en contenir, puis un des bourreaux mettant les deux pieds sur son ventre le pressait de toutes ses forces et faisait rejaillir cette eau en dehors avec une grande quantité de sang. Ils ne cessèrent de recommencer cet affreux supplice que lorsqu'ils le virent sur le point d'expirer. Désespérant donc de le vaincre, ils le ramenèrent en prison et le brûlèrent vif six mois après. C'est le quatrième martyr que nous a donné la Corée [1].

[1]. Bart., lib. IV, n° 93. — *Letter. ann.*

XXV

HUIT HOTES DES BIENHEUREUX PÈRES PACHECO ZOLA ET DE TORRES, TOURMENTÉS DE DIVERSES MANIÈRES ET MIS A MORT A NANGASAKI FAIT MERVEILLEUX DE L'UN D'EUX. MORT DE MANCIUS ARAKI DANS LA PRISON. — 1626, 12 JUILLET

Après le supplice des neuf religieux, Cavaci donna ordre aux gouverneurs d'Omura d'envoyer à Nangasaki les hôtes des Pères, pour le 12 juillet, afin d'y faire exécuter leur sentence. C'étaient les deux frères Mancius et Mathias Araki, hôtes du Père Pacheco; Pierre et Suzanne, sa femme, hôtes du Frère Gaspard; Jean Naisen, Monique sa femme et Louis leur fils, hôtes du Père Zola; Jean Tanaca et Catherine sa femme, hôtes du Père de Torres. Mais ils eurent d'abord à soutenir, spécialement les femmes, de cruels combats pour se maintenir dans la foi. Je ne détaillerai pas, pour abréger, les barbares traitements qu'ils endurèrent. Il suffira de dire que Suzanne fut suspendue par les cheveux à un arbre et exposée aux insultes de la populace, pendant huit heures; et qu'avec elle Monique et Catherine subirent plusieurs fois le tourment horrible de l'eau; que leurs enfants furent maltraités sous leurs yeux ainsi que leurs servantes ; malgré cela elles restèrent inébranlables dans la confession de la foi, et furent enfin renfermées avec leurs maris dans une affreuse prison. L'état de Mancius Araki déjà à moitié épuisé par la phthisie, empira tellement par suite des mauvais traitements qu'on y endurait, qu'à la fin de janvier il avait le corps gonflé et souffrait des douleurs continuelles et très-vives. Les principaux seigneurs de Ximabara, ses parents, demandèrent plusieurs fois au gouverneur, en offrant leurs propres têtes comme garantie, de le faire sortir de prison pour qu'il pût se soigner ailleurs. Mais le barbare le refusa toujours et ajouta même qu'il laisserait le cadavre pourrir au milieu des prisonniers afin qu'ils eussent à souffrir et de sa vue et de son infection. Le saint homme expira très-doucement à minuit, le 8 juillet, dans de tendres colloques avec Dieu, plein de joie, et entouré de ses compagnons qui le soutenaient par leurs pieuses paroles et par le chant des prières de l'Église.

Trois jours après, les autres condamnés furent conduits au rivage pour passer à Nangasaki. Pendant le trajet ils chantaient des litanies et des psaumes. On prit terre à une lieue et demie de Nangasaki, et l'on y passa la nuit. Ils la consacrèrent à se préparer au martyre, et dès l'aube du jour, 12 juillet, on se remit en route; nos confesseurs de la foi étaient à cheval portant leur chapelet au cou, et chantant des cantiques tout le long du chemin ; un soldat tenait entre ses bras le petit Louis qui n'avait encore que six ans, et le corps de Mancius, placé sur une planche, était porté sur les épaules de deux autres soldats. Car ces indignes gouverneurs voulurent que le cadavre fût transporté à Nangasaki, lié à un poteau, comme s'il eût été vivant, et brûlé comme les autres.

Nos confesseurs de la foi arrivèrent, en chantant les litanies, au lieu des exécutions par le côté qui regarde la mer ; puis passant à travers une multitude de peuple accouru à ce spectacle ils entrèrent dans l'enceinte palissadée. Les hommes condamnés au feu allèrent embrasser tendrement le poteau où ils devaient être liés; les femmes, condamnées à avoir la tête tranchée, s'agenouillèrent en face et prièrent en silence. Le soldat qui portait le petit Louis sur ses bras, le déposa par terre ; et l'enfant, qui ne comprenait pas encore ce qui se préparait pour les autres comme pour lui-même, courut à Monique sa mère lui faire des caresses. Celle-ci craignant de sentir son courage faiblir à la vue de son fils, le repoussa doucement avec la main sans même se retourner pour le voir. L'enfant tout triste revint vers le soldat; mais Jean, son père, lui dit du poteau où il était lié et d'un visage aimable : Louis, console-toi; tout à l'heure nous serons tous les trois en paradis. Les pères et mères se dirent mutuellement un dernier adieu, puis les bourreaux tirèrent leurs sabres et abattirent d'un seul coup la tête de Catherine, de Suzanne et de Monique, qui la présentaient avec intrépidité; Louis eut son tour, comme il se mettait à pleurer et à sangloter en voyant décapiter sa mère; tous les assistants émus de compassion fondaient en larmes, tandis que les quatre héros chrétiens liés à leur poteau, bénissaient Dieu à haute voix de ce triomphe, appelaient ces âmes mille fois heureuses et les priaient de leur envoyer du ciel un pareil courage afin d'aller bientôt les y retrouver.

Les exécuteurs mirent alors le feu aux broussailles, et les martyrs levèrent les yeux et le cœur vers le ciel. Le cruel Feizo avait fait tremper le bois dans la mer pour qu'il prît feu difficilement et que le supplice fût plus lent et plus douloureux. Une épaisse fumée enveloppa d'abord le bûcher et déroba la vue des victimes, mais on les entendait bénir Dieu. Le feu s'éclaircit ensuite, les flammes s'élevèrent et déjà les cordes qui liaient Jean Tanaca étaient brûlées, quand Dieu fit éclater un miracle de sa puissance dans cet homme vieux, pauvre, né dans un pays sauvage et dont la science se bornait aux vérités du salut que les Pères lui avaient apprises et en dernier lieu le Père de Torres qui logeait chez lui. Jean, se voyant donc détaché du poteau, s'en alla à travers les flammes qui le brûlaient de tout côté, embrasser le corps de Mancius, mort en prison quatre jours plus tôt et que la rage des persécuteurs faisait consumer dans le bûcher ; puis il vint à Mathias, frère de Mancius, à Pierre, à Jean Naisen encore vivants, s'arrêta devant chacun d'eux, s'inclina en signe de respect, leur baisa dévotement les mains. Et, comme s'il n'eût été brûlé que du feu de l'amour de Dieu, il paraissait rempli de joie à la vue de l'héroïque courage de ses compagnons, il les admirait et répétait en s'approchant d'eux : Oh ! quel joyeux visage, oh qu'il est beau ! La multitude qui se pressait là, en fut frappée comme d'un prodige extraordinaire et tous jusqu'aux païens poussaient des cris d'admiration. Feizo seul, cet indigne apostat, éclatait de rage. Le saint vieillard ayant achevé de saluer et d'embrasser tendrement ses quatre compagnons, revint à son poteau, le serra étroitement en signe de grande affection et s'y tint immobile jusqu'à ce qu'il tomba ou qu'il s'étendit de lui-même à terre. Il ne prononça plus une seule parole et resta jusqu'au dernier soupir les yeux et les bras levés vers le ciel.

Ses compagnons, immobiles dans les flammes et un calme admirable sur le visage, expirèrent un peu plus tôt ou un peu plus tard. Ainsi tous les neuf allèrent au ciel embrasser les neuf religieux brûlés vifs dans le même lieu vingt-deux jours auparavant, et dont ils avaient été les disciples et les hôtes. On les brûla une seconde fois en rechargeant le bûcher, pour les réduire en cendres qui furent dispersées dans la mer [1].

XXVI

LE BIENHEUREUX LOUIS BERTRAN, PRÊTRE
AVEC DEUX FRÈRES LAIS
DE L'ORDRE DES FRÈRES PRÊCHEURS, BRULÉS A OMURA
1627, 29 JUILLET

Comme la persécution croissait chaque jour, les ouvriers évangéliques, réduits à un petit nombre et tout occupés à soutenir cette chrétienté si affligée, n'eurent plus le temps ni les moyens d'envoyer en Europe des récits détaillés sur les martyres qui se succédaient continuellement. Nous devrons donc

[1]. Bartol., lib. IV, n. 98.

nous contenter dorénavant de ce qui a été déposé dans les procès-verbaux apostoliques.

Nous trouvons en premier lieu, pour l'année 1627, trois religieux de l'ordre de saint Dominique : le Père Louis Bertran, prêtre, et deux frères lais, Mancius de Ste-Croix et Pierre de Ste-Marie. Aussitôt qu'ils furent découverts, on les renferma dans une étroite prison où ils eurent beaucoup à souffrir. Ils attendirent la mort à chaque heure pendant une année presque entière. Elle arriva enfin le 29 juillet 1627 et ils la subirent dans le feu à Omura avec un courage qui glorifia la loi sainte qu'ils avaient d'abord propagée par de longs et rudes travaux.

Mancius et Pierre étaient japonais, catéchistes fervents et aides des Pères de Saint-Dominique. Ils avaient toujours vécu avec eux, et avaient mérité d'être admis dans leur ordre.

Le bienheureux Père François Bertran ou Hexarch, neveu du saint apôtre de l'Amérique, naquit à Barcelone et y fut reçu dans l'ordre des Frères Prêcheurs. Marchant sur les traces de son saint parent, il abandonna l'Espagne, alla aux Philippines, obtint par de grandes instances la mission difficile du Japon, où il remporta ce qu'il désirait tant, la couronne du martyre. Les chrétiens purent, on ne sait comment, faire passer sa tête hors du Japon ; elle fut transportée en

Espagne où Dieu s'est plu à la glorifier par des grâces miraculeuses.

XXVII

SEPT CHRÉTIENS BRULÉS VIFS ET HUIT DÉCAPITÉS A NANGASAKI
1627, 17 AOUT

Un mois ne s'était pas encore écoulé, on était au 17 août, quand trois religieux de Saint-François et douze séculiers japonais, les uns du tiers-ordre de Saint-François et les autres de celui de Saint-Dominique cueillirent la palme du martyre. Ceux-ci furent François Curobioie, Caius Iemon, que quelques témoins disent né en Corée, en le confondant sans doute avec un autre Caius dont nous avons parlé, mais que l'on affirme communément et avec plus de raison être des îles d'Amanguchi; Madeleine Kiota, veuve du sang royal de Don François de Bungo, et Françoise, autre veuve de sainte vie. Les membres du tiers-ordre de Saint-François sont Gaspard Vaz et Marie, sa femme, Thomas Vo, François Cufioie, Luc Kiemon, Louis Matzuo, Martin Gomez et Michel Kizaiemon qui avait été serviteur de D. Louis Cerqueira, évêque du Japon. Tous, chrétiens de longue date et de grande ferveur, furent pris, emprisonnés et condamnés à mort pour avoir logé les Pères et refusé de conserver leur vie en reniant la foi. Sept furent brûlés vifs, savoir le bienheureux Père François de Sainte-Marie avec les deux Frères lais Barthélemy et Antoine; François Cufioie, Gaspard Vaz, Madeleine Kiota et Françoise ; les autres eurent la tête tranchée.

Nous avons quelques renseignements plus particuliers sur les trois religieux. Le Bienheureux François de Sainte-Marie naquit en Espagne, dans la province de la Manche; il entra jeune encore dans l'ordre de Saint-François et fit profession dans la province de Saint-Joseph. Ordonné prêtre et enflammé de zèle pour la conversion des païens, il partit, en 1609, pour les Philippines, où il passa treize ans, occupé du ministère apostolique et de l'étude des langues de ces contrées. Il pénétra au Japon en 1622, quand la persécution y sévissait plus que jamais, et y resta quatre ans au milieu de dangers continuels, jusqu'à ce que les persécuteurs l'eussent enfin arrêté dans la maison de Gaspard et Marie Vaz.

Le Bienheureux Barthélemy Laurel fut son compagnon inséparable pendant un grand nombre d'années ; il avait pris l'habit religieux à la fleur de l'âge et fait profession de la règle de Saint-François au

Mexique où il était né. Il suivit le Père François à Manille, puis au Japon, s'employant selon son degré de laïque à disposer les fidèles aux sacrements, et les païens à embrasser la foi; il était pour tous un admirable modèle d'humilité, de mortification et de zèle.

Le Bienheureux Antoine de Saint-François, japonais, servit très-longtemps les Pères franciscains dans l'emploi de catéchiste. Il n'était pas présent quand les autres furent pris; mais aussitôt qu'il en eut connaissance, il se présenta de lui-même au gouverneur, se déclara leur compagnon et tout prêt à donner sa vie pour la défense de la foi. On l'emprisonna et il eut ce qu'il désirait, la consolation d'être admis dans l'ordre comme frère lai et de faire sa profession avant son martyre [1].

XXVIII

LE BIENHEUREUX THOMAS TZUGI, PRÊTRE
DE LA COMPAGNIE DE JÉSUS
AVEC DEUX AUTRES SÉCULIERS, BRULÉS A NANGASAKI
1627, 7 SEPTEMBRE

Le 7 septembre, arriva l'heureuse mort du Père

1. *Process. apost.*

Thomas Tzugi, de la Compagnie de Jésus, et de ses deux hôtes. Le Père Thomas naquit d'une famille noble, à Sonongai, sur le territoire d'Omura; il fut élevé, dès sa plus tendre jeunesse, dans le séminaire d'Arima et se consacra, en 1589, au service de Dieu dans la Compagnie de Jésus. Il devint un excellent prédicateur, et, dans sa langue, supérieur à tout autre. Chassé avec d'autres missionnaires, en 1614, il se retira à Macao; mais après quatre ans d'exil il revint au Japon sous l'habit de marchand, et y reprit ses œuvres de zèle, tout en restant caché comme il le fallait alors; il se déguisait de diverses manières pour tromper les regards des ennemis de la religion; le plus souvent, c'était sous le costume de portefaix, avec un grand fagot de bois sur le cou, qu'il se rendait là où l'appelait le besoin des âmes. Mais la persécution croissant de plus en plus, il se découragea et en vint jusqu'à demander avec importunité sa sortie de l'ordre. Dieu permettait ce moment d'oubli pour l'humilier à ses propres yeux et le glorifier ensuite davantage; car le jour même où on le releva de ses vœux pour éviter un mal plus grand encore, il rentra subitement en lui-même et fit les plus pressantes instances pour être réadmis dans la Compagnie de Jésus. Les supérieurs, qui n'avaient à lui reprocher que cette faiblesse, le soumirent d'abord à de longues épreuves qu'il supporta en s'exposant avec courage à tous les dangers, et ils lui permirent ensuite de renouveler ses vœux de religion.

Le Père Tzugi avait été invité par un brave chrétien de Nangasaki, nommé Louis Maqui, à venir célébrer chez lui la fête de sainte Marie-Madeleine; il terminait à peine le divin sacrifice qu'un des gouverneurs, l'apostat Feizo, qui en avait eu vent, envoya des soldats pour le prendre. Interrogé qui il était, d'où il venait et pourquoi : Qui je suis, répondit-il, vous en aurez connaissance par tout le peuple de cette ville qui, pendant tant d'années, a vu Thomas Tzugi, religieux de la Compagnie de Jésus, et l'a entendu prêcher la foi chrétienne. Or, je suis celui-là même, prêt à soutenir, au prix de mon sang, la vérité que j'ai fidèlement enseignée. L'apostat qui avait été tant de fois son auditeur le reconnut, et sans vouloir rien entendre davantage, il le fit conduire à la prison d'Omura. Sa fermeté eut l'occasion de s'y montrer encore davantage, en repoussant les violents assauts de ses parents renégats qui vinrent souvent lui offrir l'antique patrimoine de ses ancêtres s'il voulait renoncer à la foi chrétienne.

Après treize mois et demi de prison on reconduisit le Père Thomas à Nangasaki et on le condamna au feu avec Louis Maqui, chez lequel il avait été arrêté, et Jean, son fils adoptif. Pendant la marche, il prêcha au peuple avec une ferveur extraordinaire. Du poteau où il était lié, il se tourna vers ses deux compagnons, et pour les fortifier dans cette dernière épreuve, leur parla des ignominies et des douleurs de Jésus-Christ d'une manière si expressive, que Feizo, qui le voyait sans l'entendre, s'en douta et dit : Voilà qu'il enchante l'âme de ses compagnons en leur racontant la passion de Jésus-Christ. Quand le feu fut mis au bûcher, il les bénit tous deux, puis se recueillit en lui-même et leva les yeux au ciel avec un visage plein de sérénité. Il priait en silence et ne faisait aucun mouvement pendant qu'on le brûlait. Se sentant près de mourir, il chanta le psaume *Laudate Dominum omnes gentes*, après quoi il expira et tomba étendu sur le dos. Dans ce moment, Louis Martinez de Figueredo et d'autres Européens et Japonais furent témoins d'un fait merveilleux, qu'ils certifièrent avec serment dans les procès-verbaux, c'est que la poitrine du Père Thomas restait intacte, quand tout le reste du corps était consumé de plus en plus par le feu, puis qu'elle s'ouvrit tout à coup d'elle-même et qu'ils en virent jaillir une flamme haute de trois palmes dont la beauté et la transparence l'emportaient sur toute autre flamme connue. On aurait dit un pur rubis, ce sont leurs propres paroles. Martinez le fit remarquer aux assistants, car cette flamme dura deux fois le temps qu'on mettrait à réciter le *Credo*, et ils la regardèrent tous comme quelque chose qui n'était pas naturel. Le Père Thomas Tzugi mourut le 7 septembre 1627, ayant un peu plus de cinquante-sept ans [1].

XXIX

DOUZE CONFESSEURS DE LA FOI BRULÉS VIFS ET DIX DÉCAPITÉS A NANGASAKI — 1628, 8 SEPTEMBRE

Ce fut dans l'année 1628 que Bungodono, roi d'Omura, changea de sentiments pour les chrétiens, qu'il devint un de leurs plus cruels persécuteurs et en fit un horrible carnage. Nous trouvons pour premières victimes douze confesseurs de la foi brûlés vifs à Nangasaki, le 8 septembre. Deux d'entre eux étaient de l'ordre de Saint-Dominique et trois de celui de Saint-François. Le même jour et au même lieu on en décapita dix autres; parmi eux se trouvaient six enfants de sept ans, de cinq ans et de deux ans, tous hôtes et serviteurs des Pères, et affiliés au

---

1. Bart., lib. IV, n. 112.

tiers-ordre de Saint-Dominique ou de Saint-François.

Le chef de cette glorieuse troupe était le Bienheureux Père Dominique Castellet, vicaire provincial de l'ordre des Frères Prêcheurs au Japon. Il naquit à Esparraguera dans la Catalogne le 7 octobre 1592, entra chez les Frères Prêcheurs à Barcelone et y fit profession en 1608. On l'arrêta à Nangasaki, le 15 juin 1628, dans la maison de Louise, femme très-pieuse âgée de quatre-vingts ans, et on le conduisit avec les autres confesseurs de la foi dans la prison d'Omura. Voici ce qu'il écrivait peu de jours après à Edouard Correra, portugais : « Béni soit Dieu qui s'est souvenu de moi dans ses miséricordes, en me tirant du monde et me transportant dans cette sainte prison où tant d'élus ont habité. Plaise à la divine Majesté, qui ne les en a fait sortir que pour les recevoir au ciel, de m'accorder la grâce d'aller bientôt me réjouir avec eux. Priez Dieu pour moi et remerciez-le de la grande faveur qu'il m'accorde. Je suis content et très-content. De la prison d'Omura le 20 juin 1628. »

Le serviteur de Dieu communiquait la ferveur qui l'animait à ses compagnons de captivité, il les exerçait à des œuvres de piété et les préparait au grand sacrifice de leur vie. Pendant le trajet d'Omura à Nangasaki où il devait être exécuté, il ne cessa de prêcher la loi de Jésus-Christ. Comme il approchait du lieu du supplice, il vit au pied d'un arbre Edouard Correra, que la douleur faisait fondre en larmes : « Non, dit-il, à haute voix, non, ne vous désolez pas, mon ami. Nous allons au ciel, priez Dieu pour moi. » Puis il trempa un linge dans le sang d'un de ses compagnons, qu'on avait décapité dans ce lieu, et après l'avoir montré au peuple, il le posa respectueusement sur sa tête. Voilà, dit-il, l'échelle pour monter au ciel. Du poteau où il était lié, il se tourna vers le président idolâtre et le cita lui et l'empereur au tribunal de Dieu, le juge suprême, pour y rendre compte de leur injustice. Il mourut dans les flammes avec une grande constance. Deux frères lais du même ordre furent brûlés avec lui, le Frère Thomas de Saint-Hyacinthe, né en 1598, et le Frère Antoine de Saint-Dominique, né en 1608, japonais tous deux et qui l'avaient aidé à travailler au salut des âmes.

Les deux religieux franciscains furent le Bienheureux Antoine de Saint-Bonaventure et le Bienheureux Dominique de Nangasaki. Celui-ci était catéchiste et ne se trouvait pas présent quand on arrêta le bienheureux Père Antoine. Mais poussé par un violent désir de mourir pour Jésus-Christ, il alla trouver les gouverneurs, se déclara chrétien et compagnon du Père Antoine, et mérita par cette courageuse démarche de cueillir lui-même aussi la palme du martyre. Il fut reçu dans l'ordre et prononça ses vœux dans la prison.

Le bienheureux Antoine de Saint-Bonaventure naquit en 1588 à Tuy dans la Galice. Après avoir achevé ses études de philosophie dans l'Université de Salamanque, il entra chez les Frères Mineurs de la province de Saint-Paul et y fit profession le 14 juillet 1615. Il s'embarqua avec cinquante-six autres religieux pour les Philippines. Là, le Père Richard de Sainte-Anne lui fit continuer ses études de théologie et recevoir la prêtrise ; il passa au Japon en 1618, où il travailla pendant dix années consécutives à la prédication de la foi chrétienne. Voici le témoignage que le supérieur du Père Antoine en a laissé : « Antoine de Saint-Bonaventure était un ouvrier infatigable qui gagna beaucoup d'âmes à Dieu. Il travaillait jour et nuit, confessant, prêchant, relevant les apostats ; on en compte plus de deux mille ramenés en peu de temps par ses soins et dont il prépara un bon nombre au martyre. Sa condamnation au feu le remplit d'allégresse ; il s'écria avec transport : « Maintenant je sais que je suis à vous, ô mon Jésus, que je vais vous voir bientôt et être heureux de votre gloire. » Il mourut à l'âge de quarante ans. »

Nous nommerons aussi comme particulièrement dignes de mémoire parmi les séculiers : Jean Tomaki qui vit mourir sous ses yeux, avec une force d'âme incroyable, ses quatre fils, Dominique âgé de seize ans, Michel de treize, Thomas de dix et Paul de sept ans ; leurs têtes furent jetées par les bourreaux dans le bûcher où il allait lui-même être consumé ; et Louise, âgée de quatre-vingts ans, qui, supérieure à la faiblesse de son sexe et de son âge, donna des marques d'un courage surhumain[1].

XXX

TROIS TERTIAIRES DE SAINT-DOMINIQUE DÉCAPITÉS A NANGASAKI
1628, 16 SEPTEMBRE

Huit jours après, le 16 septembre, on décapita encore à Nangasaki Michel et Paul Fimonoia et Dominique Xobioie, tous trois du tiers-ordre de Saint-Dominique. Comme nous n'avons aucuns détails sur leur vie, nous nous contenterons de rapporter ici ce que Jérôme Diaz de Barreda a déposé à leur sujet dans les procès-verbaux de Macao. « Le témoin

---

1. *Process. apost.*

dit savoir de science certaine que les martyrs Michel et Paul Fimonoia et Dominique Xobioie du tiers-ordre de Saint-Dominique furent décapités par ordre de l'empereur du Japon en haine de la loi de Jésus-Christ, des chrétiens qui la professent, des religieux qui prêchent, et de quiconque les aide dans ce but, ainsi que faisaient les susdits serviteurs de Dieu pour les religieux prêtres de l'ordre de Saint-Dominique dans la chrétienté du Japon. Il ajouta qu'ils furent martyrisés dans la ville de Nangasaki, le 16 septembre 1628, et il déclare savoir ces choses d'une manière certaine parce que ce martyre des serviteurs de Dieu Michel et Paul Fimonoia et Dominique Xobioie était très-public dans cette ville aussi bien que dans la chrétienté du Japon, et qu'il est encore rendu notoire à Macao par la présence de beaucoup d'hommes honorables, portugais et japonais, qui en ont été témoins et qui racontent publiquement comment l'empereur du Japon leur a fait couper la tête en haine de la loi de Jésus-Christ. De plus, on a répandu des relations imprimées de leur martyre qui sont très-certaines, et on a reçu dans cette ville des lettres de religieux graves écrites du Japon, où ils racontent la mort des trois serviteurs de Dieu de la manière qu'on vient de le dire. » Les autres témoins oculaires ont fait des dépositions conformes.

XXXI

MICHEL NACAXIMA, DE LA COMPAGNIE DE JÉSUS REÇOIT LA COURONNE DU MARTYRE PAR DE NOUVEAUX ET HORRIBLES TOURMENTS
1628, 25 DÉCEMBRE

L'année 1628 se termine par le mémorable martyre de Michel Nacaxima de la Compagnie de Jésus. Il était de Maciai dans le royaume de Fingo. Le Père Jean-Baptiste Baeza, apôtre de ce royaume, l'instruisit et le baptisa à l'âge de onze ans. Michel fit le vœu de chasteté perpétuelle, et mena dès lors une vie marquée chaque jour par de nouveaux progrès dans la perfection chrétienne. Il tint caché chez lui, pendant douze ans, le Père Baeza, qui l'avait engendré à Jésus-Christ, et obtint que le Père Emmanuel Borges le remplaçât; il lui amenait les fidèles, pendant la nuit, afin qu'il pût leur administrer les sacrements. Son seul désir était de répandre son sang pour la foi, et quand on le pressait d'y renoncer il ne répondait qu'en offrant son cou au glaive du bourreau; mais Dieu le réservait à une mort plus glorieuse encore. La Compagnie de Jésus devait d'abord lui ouvrir son sein pour satisfaire à ses demandes réitérées et s'acquitter des grandes obligations qu'elle lui avait. Ce fut le Père Mathieu de Couros, successeur du Père Pacheco dans la charge de vice-provincial, qui le reçut dans l'Ordre.

Dans le mois d'août 1627, les gouverneurs de Nangasaki, soupçonnant Michel de donner asile aux Pères, lui commandèrent de rester prisonnier dans sa propre maison ; pendant plus d'une année qu'il n'en sortit point, il y mena une vie très-pénible. Or il arriva le 3 septembre 1628, cinq jours avant qu'on brûlât vifs les douze martyrs dont nous avons parlé, qu'on vint lui demander du bois pour leur bûcher, car c'est l'usage du pays de fournir, quand on en a reçu la demande, quelques morceaux de bois qui servent à brûler les condamnés. Notre généreux chrétien refusa ouvertement de donner même une épine pour concourir à l'injuste mort des ministres de Dieu, dont il voudrait, disait-il, sauver la vie au prix de son propre sang. Cavaci, à qui on rapporta sa réponse, lui fit déclarer de suite qu'il eût, avant la nuit, à s'en aller vivre sur les montagnes et dans les bois avec tous les siens. Ils partirent, mais ils n'y restèrent que cette nuit-là, car un employé de la justice courut à leur recherche de grand matin le jour suivant, et ils furent bientôt envoyés tous à Ximabara.

Là, le gouverneur Tanga Mondo mit tout en usage pour pervertir Michel. Ne pouvant y réussir, il le fit dépouiller et battre à coups de bâton par les soldats, qui lui broyèrent tout le corps. Et comme il invoquait le saint nom de Jésus, ils lui enfoncèrent une pierre dans la bouche. Ils le tinrent ainsi exposé aux rayons du soleil, le pressant souvent d'apostasier, mais il leur répondait : Vous feriez plutôt un hachis de ma chair et de mes os, vous m'arracheriez plutôt l'âme du corps que de me tirer de la bouche une aussi exécrable parole. Ils essayèrent alors du tourment de l'eau. Ils étendaient leur victime sur le dos, lui fermaient la bouche avec soin, appliquaient un entonnoir à ses narines, et faisaient ainsi pénétrer, en plusieurs fois, dans son corps jusqu'à huit grands vases d'eau ; lorsqu'il n'en pouvait contenir davantage, un bourreau sautait sur le ventre du patient, et, le pressant avec ses pieds de toute sa force, lui faisait rejeter cette eau avec tant d'impétuosité, qu'elle entraînait chaque fois du sang en abondance. Tel est le supplice auquel ils soumirent plusieurs fois de suite notre courageux martyr.

« Le jour suivant, écrit-il au Père Emmanuel Borges, ils me firent venir et recommencèrent à me tourmenter par l'eau comme la première fois, puis ils me déposèrent à terre. Là je reçus une manifeste et grande grâce de Dieu. Comme je souffrais beaucoup de l'ardeur du soleil, que je trouvais excessive, je fis à Dieu cette prière : Seigneur, ce soleil est votre créature, soumise à votre volonté en toute chose ; je vous prie de me délivrer de sa grande ardeur. Ma demande faite, tout à coup l'air devint obscur au-dessus de moi, et l'ombre qui se produisit ne dépassait pas le lieu où j'étais; en même temps il souffla un vent frais qui me permit de respirer et qui me remit entièrement. Que Dieu soit béni dans son infinie miséricorde ! » Il ajouta dans une autre lettre : « Pendant que je souffrais, ces jours passés, de bien cruelles douleurs, des chrétiens me disaient que Dieu me les faisait goûter comme un échantillon des tourments qui me restent à souffrir ; et je le crois aussi. Quand les souffrances redoublaient de vivacité, je recourais à la Vierge, notre Dame ; je lui demandais son intercession, et je me trouvais à l'instant sans douleur. Aussi, en repassant en moi-même ces grandes miséricordes du Seigneur, je vois clairement que souffrir ces tourments et ne pas me rendre, c'est un effet de sa grâce seule et non pas de mes propres forces. »

Tant de constance, bien loin d'adoucir la fureur des persécuteurs, l'irritait davantage. Ils condamnèrent Michel à un genre de mort nouveau et des plus cruels. Nous le ferons connaître ici en peu de mots.

pour n'avoir pas à l'expliquer en racontant le dernier martyre. A quelques lieues d'Arima s'élève une montagne, appelée Ungen, qui se divise dans sa hauteur en trois ou quatre larges sommets, et renferme une gorge profonde, affreuse, et toute calcinée par des feux souterrains. On voit, en plusieurs endroits, jaillir de ce sol maudit des sources d'eaux brûlantes et exhalant une insupportable odeur de soufre. L'horreur de ce lieu, sa chaleur, sa détestable puanteur, l'ont fait appeler par les paysans Ghingocu, c'est-à-dire bouche d'enfer. Il y avait environ dix-huit ans qu'une nouvelle bouche s'était ouverte, bien plus grande que les autres, ronde et large en diamètre de cinq ou six pas. C'est à celle-ci surtout que convenait bien le nom de bouche d'enfer: l'eau sulfureuse qui la remplissait était si chaude, qu'on l'entendait bouillonner avec fracas et qu'on en voyait la vapeur s'élever en l'air à une grande hauteur; c'était aussi effrayant à voir et à entendre que douloureux à respirer. Or, ce qui ne s'était jamais vu pour aucun criminel, les persécuteurs imaginèrent de faire servir cette eau à tourmenter les confesseurs de la foi. Un des premiers qui en fit l'épreuve et y mourut avec un courage héroïque, fut le Frère Michel Nacaxima. Le 24 septembre, ordre fut donné de le conduire au mont Ungen. On essaya encore une fois, dès son arrivée, de le gagner par des instances et des menaces; les paroles ne servant à rien, les bourreaux le tourmentèrent une troisième fois par le supplice de l'eau; puis ils le conduisirent à une des sources sulfureuses qui coulait dans un bassin assez grand, mais si peu profond que l'eau ne s'y élevait pas à une palme. Un bourreau attacha une corde aux mains du Frère Michel, et lui ordonna de passer, pieds nus, d'un bord à l'autre par le milieu de la fosse. Notre courageux martyr y entra sans aucune hésitation, et avança d'un pas tranquille comme s'il y eût marché par plaisir. Le bourreau lui-même était stupéfait de sa force d'âme, en voyant la peau vive se détacher de ses pieds comme on se déferait de ses chaussures. Il tira la corde à lui pour empêcher la victime d'aller plus loin, et à peine put-il faire revenir le Frère Michel sur ses pas. Alors on conduisit le patient à une autre source, dont le bassin était plus profond; on l'arrêta sur le bord, on le dépouilla de ses habits, et le bourreau se mit à lui verser sur le corps, avec une espèce de cuiller, de cette eau bouillante qui entraînait les chairs, et il continua de le brûler ainsi, peu à peu, jusqu'à ce qu'il ne fût plus qu'une plaie; et encore recommençait-il de temps en temps à verser de cette eau sur les plaies elles-mêmes. Il n'avait épargné que la tête. Michel en devint si démesurément enflé et si épuisé de forces, qu'il ne pouvait plus faire deux pas. Les bourreaux le portèrent sur une civière à côté, et l'étendirent sur un peu de paille. Mais comme on était en hiver, et qu'il était dépouillé même de sa peau, le froid glacial de la nuit le fit autant souffrir que les eaux brûlantes de la source.

Le soleil venait de se lever, le 25 décembre, il était huit heures du matin environ, quand le confesseur de la foi fut transporté sur les bords de la grande bouche nommée bouche d'enfer. Le bourreau prit un vase beaucoup plus grand et se mit à lui verser l'eau sur la tête. Cette eau brûlante coulait tout le long du corps. C'était un spectacle affreux que de voir les déchirures qu'elle faisait dans les chairs; mais on fut encore bien plus frappé de la fermeté invincible de cet héroïque martyr qui la sentit couler pendant deux heures sans jamais s'agiter, sans même pousser un gémissement, invoquant seulement avec tendresse Jésus et Marie, jusqu'à ce qu'il expira. Michel Nacaxima était âgé de quarante-cinq ans [1].

1. Bart., lib. IV, n. 117.

XXXII

GRAND NOMBRE DE MARTYRS COURONNÉS EN QUATRE ANNÉES
SIX JAPONAIS DU TIERS-ORDRE DE SAINT-AUGUSTIN, DÉCAPITÉS
1630, 28 SEPTEMBRE

On compte au delà de trois cents confesseurs de Jésus-Christ martyrs, dans les quatre années qui s'écoulèrent du commencement de 1629 à la fin de 1632. Mais il ne nous reste plus à raconter que les deux martyres qui terminent les procès-verbaux apostoliques de Manille et de Macao, faute de témoignages suffisants pour les autres. Le premier martyre eut lieu le 30 septembre 1830; il nous offre le triomphe de six courageux chrétiens japonais catéchistes, hôtes et serviteurs des Pères de Saint-Augustin et qui appartenaient au tiers-ordre de leur règle.

Voici ce qu'a déposé d'eux tous, sous la foi du serment, un des témoins : « Le témoin, interrogé s'il connaissait Jean Cocumbuco, catéchiste du Père Barthélemy Guttierez, Pierre et Thomas Cufioie, Laurent Xizo, Michel Kinoxi et Mancius Xizizoiemon, Frères du tiers-ordre de Saint-Augustin, il répondit qu'il était présent à leur martyre et qu'il les vit tous décapiter. Il ajouta qu'ils furent d'abord emprisonnés à Nangasaki parce qu'ils aidaient les Pères dans la prédication évangélique ; et que, comme les serviteurs de Dieu ne cessaient de prêcher en marchant au supplice, il leur vit mettre des cordes dans la bouche en guise de mors, afin qu'ils ne pussent pas parler davantage. » Un autre dépose qu'il avait été chargé lui-même par le Père Guttierez de porter auxdits martyrs dans leur prison l'habit du tiers-ordre de Saint-Augustin et qu'il les a ensuite vus de ses yeux décapiter étant revêtus de cet habit [1].

XXXIII

TROIS PÈRES DE SAINT-AUGUSTIN
UN DE LA COMPAGNIE DE JÉSUS, AVEC UN FRÈRE LAI
DE SAINT-FRANÇOIS
ET UN PRÊTRE SÉCULIER DU TIERS-ORDRE
TOURMENTÉS D'ABORD PAR LES EAUX BOUILLANTES ET SULFUREUSES
DU MONT UNGEN ET PUIS BRULÉS VIFS A NANGASAKI
1632, 3 SEPTEMBRE

Sur la fin de juillet de 1629, Takimaga Uneme débarqua au port de Nangasaki. L'empereur l'en-

---

1. *Process. apost.*, Manil. et Macaen.

voyait, avec les plus amples pouvoirs, remplacer Cavaci dans la présidence du Ximo, c'est-à-dire de toutes les provinces méridionales du Japon. Il gouvernait une partie du royaume de Bungo et s'était fait placer, en 1614, parmi les plus grands persécuteurs de cette chrétienté. Or, excité par sa cruauté naturelle et par les ordres exprès de l'empereur, il se proposa, en mettant pied à terre, de détruire entièrement la foi chrétienne, non-seulement à Nangasaki, mais dans tous les pays voisins. Il fit comparaître à son tribunal trente hommes et vingt-sept femmes, et après les avoir inutilement pressés par ses promesses et ses menaces de renier la foi, il les envoya, le 3 du mois d'août, au mont Ungen, en recommandant aux bourreaux de les tourmenter sans pitié par les eaux bouillantes et par les rayons du soleil, mais de manière cependant à ce qu'ils restassent capables de supporter des tourments plus grands encore. Les mémoires et les journaux hollandais de cette époque nous apprennent, quant à ces derniers martyrs, qu'on usa contre eux, et surtout contre les femmes, de supplices horribles auxquels on n'avait jamais pensé jusqu'alors. On exposait celles-ci à la vue et aux insultes de tout le peuple, et pour plus de honte, on les faisait marcher à terre sur les pieds et sur les mains, comme des animaux; on les plongeait dans de grands bassins remplis d'eau et de serpents; on leur brûlait les côtés avec des flambeaux allumés, on attaquait chaque partie l'une après l'autre, et on faisait pénétrer lentement le feu jusque dans les entrailles. Pour les hommes, après que leurs chairs avaient été déchirées par les eaux sulfureuses, on les laissait la nuit exposés à la vapeur infecte de ces eaux qui les tenaient éveillés par d'affreuses suffocations, presque jusqu'à les faire expirer. Bien peu de chrétiens résistèrent à ces barbares épreuves, comme aussi beaucoup d'autres qui furent non moins cruellement torturés à Nangasaki et dans les pays voisins.

Après cette arrestation qui jeta les fidèles dans un effroi et un découragement indicibles, Uneme feignit de ne plus s'occuper des chrétiens, ni de leur religion, comme s'il n'en restait pas de trace. C'était une adresse de cet homme rusé; il voulait donner aux religieux la confiance de sortir de leurs retraites et de reprendre l'exercice de leur ministère. Toutefois il envoya secrètement partout des espions qui devaient se mettre aux aguets dans les passages et surveiller l'intérieur des maisons. Il leur promettait une très-grande récompense s'ils faisaient arrêter quelque religieux.

Or, comme chaque pierre pour ainsi dire cachait

un serpent, il n'était plus possible que les religieux, quels que fussent leur prudence et leur déguisement, sortissent impunément de leur retraite. Pour cent qui échapperaient aux persécuteurs il devait en tomber au moins un ou deux entre leurs mains. Aussi cinq religieux furent-ils bientôt au pouvoir d'Uneme; trois d'entre eux étaient de l'ordre de Saint-Augustin; le quatrième, le Père Antoine Ixida, de la Compagnie de Jésus, et le cinquième, Gabriel de la Madeleine, frère lai de Saint-François, auquel s'adjoignit ensuite Jérôme de Torres, prêtre japonais du tiers-ordre de Saint-François. Le premier qui donna dans le filet fut le Père Barthélemy Guttierez, augustin. Il s'était retiré à Coga, situé dans le royaume d'Arima; n'ayant plus rien pour vivre, il envoya son serviteur à la ville pour faire des provisions. Or celui-ci tomba en route entre les mains des espions et fut conduit au gouverneur; on le mit à la torture, qu'il supporta courageusement, mais il n'en fut pas de même de son hôte qui avoua tout immédiatement. On envoya de suite des hommes armés à Coga pour s'emparer du Père Barthélemy. Mais celui-ci, ayant quelques soupçons de ce qui se passait, était déjà parti et s'était réfugié sur les terres d'Isafai où, ne trouvant personne qui osât lui donner l'hospitalité, il se cacha dans une forêt. Il y fut découvert et conduit à Nangasaki avec son catéchiste Cocumbuco et son serviteur Michel Kinoxi.

Peu de jours après on leur associa le Père Antoine Ixida de la Compagnie de Jésus. Il avait séjourné à Nangasaki depuis le commencement d'août, pendant la persécution; et ne s'y voyant plus nécessaire à la fin de septembre, il alla revoir quelques-uns des siens à Omura. Mais des lettres du Père provincial vinrent bientôt le rappeler à Nangasaki pour entendre la confession d'un chrétien dangereusement malade. Il s'y rendit volontiers et même avec une joie particulière, le cœur lui disant que Dieu voulait qu'il fût arrêté cette fois. Comme d'autres malades en danger de mort réclamèrent aussi ses soins dans cette ville, il s'y arrêta cinq ou six jours. Ce fut alors qu'eut lieu l'emprisonnement du Père Guttierez; le chrétien qui logeait le Père Antoine en fut si effrayé qu'il le pria d'aller se cacher ailleurs. Le Père Antoine passa la nuit suivante chez Jacques Naçaxima, frère du Bienheureux martyr Michel, qui instruit du congé qu'il avait reçu de son premier hôte le fit immédiatement inviter de venir chez lui. « La matinée du jour suivant, 14 novembre, écrit-il, après avoir célébré la messe, où je fis à Dieu l'offrande de ma vie, je sentis derrière moi comme un frottement de pieds, je me retournai et je vis un des hommes du président

Uneme avec deux sabres aux côtés, qui me demanda qui j'étais. Comprenant de suite pourquoi il venait je répondis : Je suis Père. Pour moi, répliqua-t-il, je viens vous prendre. Beaucoup d'autres hommes survinrent, je leur tendis les bras en disant : Eh bien, liez-moi. Ils le firent et me conduisirent au palais du président où je rencontrai un des officiers qui essaya de me persuader de sauver ma vie en abandonnant la loi de Dieu. Je lui répondis brièvement que si j'avais cent vies, je les sacrifierais toutes plutôt que de renier la foi. Je fus enfermé dans une étroite prison où je trouvai le Père Barthélemy, Jean son catéchiste et ses deux serviteurs, ayant tous de grands fers aux pieds, qu'on me mit aussi et qui avaient été fournis par les Hollandais. Mais peu après on nous les changea en colliers de fer serrés au cou. » Il ajoute qu'il comparut deux fois devant Uneme avec qui il eut une longue discussion en matière de religion, et qu'à la fin pressé de renoncer à la foi, il ne daigna plus lui répondre.

Le Père Ixida fut conduit, le 10 décembre, à la prison d'Omura avec les autres confesseurs de la foi, le Père Barthélemy Guttierez, Vincent Carvalho, le Père François de Jésus, tous trois augustins, le Frère Gabriel de la Madeleine, franciscain, et le prêtre Jérôme. La vie qu'ils y menèrent tous les six pendant près de deux ans était des plus austères par nécessité et par choix. Ils jeûnaient tous les jours, ne mangeant qu'une seule fois et n'ayant qu'une petite mesure de riz noir sans aucun assaisonnement. Leur sommeil était très-pénible, et par la dureté du sol et par la petitesse du lieu où ils ne pouvaient tenir qu'en se repliant sur eux-mêmes. Ils prenaient une rude discipline quatre fois par semaine. Prier, parler de Dieu, soupirer après le martyre était leur seule et continuelle occupation. Le 25 novembre, la ville d'Omura vit arriver à l'improviste une troupe de soldats armés; ils venaient prendre les prisonniers pour les reconduire à Nangasaki. Ceux-ci croyaient y trouver le bûcher tout prêt, mais l'heure du sacrifice n'était pas encore sonnée, car on les conduisit dans une horrible prison sans rien leur dire de ce qui les attendait.

Le président Uneme aurait surtout voulu que le Père Ixida apostasiât, parce qu'il était du pays; il le fit venir deux fois de sa prison dans ce but, redoubla ses assauts, employa toute son habileté pour le décider à feindre au moins d'avoir renoncé à la foi chrétienne, l'assurant qu'il lui sauverait la vie et le comblerait d'honneurs et de richesses; mais ce Père lui répondit toujours invariablement qu'il faisait plus de prix de sa foi que de toute autre chose et qu'il se soumettrait volontiers à toute espèce de supplices plutôt que de la renier.

Les confesseurs de la foi ayant tous résisté aux sollicitations de leurs juges, furent livrés aux mains des bourreaux, et le 3 décembre les cinq religieux et le prêtre séculier furent conduits au mont Ungen. Lorsqu'ils arrivèrent à Fimi, une lieue loin de Nangasaki, on les enchaîna aux bords des barques; on leur mit les fers aux pieds et on leur lia étroitement les bras et les mains. Ils arrivèrent dans le port d'Obama au soleil couchant; ils y passèrent la nuit et à la pointe du jour ils gravirent la montagne. On mit des gardes aux passages, afin que personne ne les suivît et qu'ils n'eussent ni témoins ni consolateurs dans ce véritable massacre qu'on allait en faire. Et pour qu'ils ne pussent pas même s'encourager mutuellement, on avait construit six cabanes très-éloignées l'une de l'autre : chacun avait la sienne et y était tenu aux fers dans la crainte qu'il n'en sortît pour venir animer le courage de ses compagnons. Le jour suivant on les conduisit un à un sur le bord de la grande fosse, qu'ils nomment bouche d'enfer. Là on leur exposa les longs et horribles tourments qu'ils endureraient dans ces eaux; on les pria d'avoir, encore à temps, pitié d'eux-mêmes, de faire maintenant en hommes sages ce qu'ils feraient ensuite malgré eux, vaincus par d'intolérables douleurs et avec un trop grand sacrifice de leurs corps; qu'enfin ils n'étaient pas de pierre, ni plus courageux que tant de centaines de chrétiens qui avaient fini par se rendre à ce tourment. Le Père Ixida a écrit ensuite que, quelle qu'en fût la vraie raison ou le froid qui était très-intense ce jour-là, ou toute autre cause, ces eaux sulfureuses, troubles et puantes, dont nous avons déjà parlé, bouillonnaient avec tant de violence, qu'à voir sauter ces bulles en l'air et à entendre leur bruissement, tout homme de cœur, dit-il, en aurait été épouvanté, si Dieu ne l'eût soutenu d'une grâce extraordinaire. Dieu les fortifia tous les six, car chacun fit cette réponse généreuse qu'il s'offrait à supporter pire encore, s'ils pouvaient faire pire pour éprouver leur foi. On ne leur en dit pas davantage. Les bourreaux s'étaient munis d'une grande cuiller de bois, percée d'un trou. Ils la remplissaient là où les eaux étaient plus bouillantes, ouvraient le trou d'où coulait un gros filet d'eau qu'ils faisaient passer sur chaque partie du corps du patient qui se tenait droit sur ses pieds. La cuiller vidée, ils la remplissaient et la vidaient une seconde et une troisième fois, sur chacun d'eux. Dans ce supplice, la peau se détachait en longues bandes et le corps gonflait, car c'est là l'effet naturel de ces eaux.

Et cependant aucun des martyrs ne donna un signe de douleur, à l'admiration et à la rage des bourreaux. On avait amené un médecin qui calculait les forces du patient, qui appliquait même des emplâtres sur ses plaies, si elles étaient trop profondes, afin de prolonger longtemps ses souffrances. Il ne laissait tourmenter que deux fois par jour quatre d'entre eux de complexion plus délicate; tandis que les plus robustes retournaient jusqu'à six fois à cet effroyable supplice. Ceux-ci étaient le Père Antoine Ixida et le Père François de Jésus. Il est vrai qu'outre la force de leur tempérament, il y avait un autre motif de les traiter avec tant de cruauté; pour le Père Antoine, c'était sa constance à résister à toutes les prières et à toutes les offres d'Uneme, et quant au Père François, il leur parlait avec une liberté toute chrétienne, et malgré leurs défenses il chantait et priait à haute voix. Pendant un mois entier, ils furent tourmentés six fois le jour et chaque fois brûlés par tout le corps avec trois de ces grandes cuillerées d'eau bouillante. Tout Nangasaki, tout Tanacu ne parlait que de ces martyrs, louait leur constance héroïque et exaltait la foi chrétienne. C'était bien à juste titre, puisque la douleur ne leur fit pousser aucun cri, qu'ils ne parurent pas même la sentir; qu'ils semblaient au contraire chaque jour plus joyeux, et plus reconnaissants envers leurs bourreaux, qu'ils allaient même jusqu'à leur dire d'inventer de plus douloureuses tortures.

Le Père Ixida prêchait aux païens et aux renégats et réussit à en gagner plusieurs. Les bourreaux finirent par être touchés eux-mêmes de leur inhumanité et dirent à Uneme que tous les puits bouillants du mont Ungen seraient à sec avant qu'on gagnât un seul de ces chrétiens. Eh bien ! répondit le barbare, qu'on les ramène à Nangasaki. Ce qui n'eut lieu cependant qu'après son départ pour la cour, où il devait se rendre, parce qu'il regardait comme un déshonneur pour lui l'entrée que ces invincibles confesseurs de Jésus-Christ feraient à Nangasaki en manière de triomphateurs. On les ramena, le 5 janvier 1632, dans la prison commune. Ils y trouvèrent de grandes souffrances et aussi de grandes joies, pendant les huit mois que se prolongea leur détention. Arriva enfin le jour où ils consommèrent, par un feu lent, le sacrifice de leur vie. La veille, Uneme leur fit encore proposer de renier la foi, s'ils ne voulaient pas être brûlés vifs. Ils répondirent d'une voix qu'ils préféraient subir toute espèce de tourments. La réponse rendue, le président fit préparer les poteaux et le bûcher, où on n'employa que du bois vert trempé dans la fange pour mieux gouverner le feu et prolonger les douleurs des condamnés. Le 3 septembre, on les mit tous six dans des litières entièrement fermées pour les soustraire à la vue du peuple. On les porta au mont des martyrs, précédés d'un soldat qui tenait leur sentence au bout d'une pique. Elle était ainsi conçue : Ceux-ci sont condamnés à la mort pour être prêtres des chrétiens et parce qu'ils ont prêché la loi de Jésus-Christ dans le Japon. Quand ils furent arrivés au haut de la colline et descendus de leurs litières, ils chantèrent le *Laudate Dominum omnes gentes*, puis chacun, de son côté, parla au peuple. On les lia ensuite à leurs poteaux légèrement et avec des cordes très-minces, afin qu'ils pussent facilement s'enfuir.

Dès que le feu eut pris aux broussailles, le Père Vincent de Saint-Antoine tira de son sein un petit crucifix et se tournant vers ses compagnons : En avant, dit-il, ô valeureux soldats de Jésus-Christ! vive la foi de Jésus-Christ! mourons courageusement pour elle! Tous louaient Dieu jusqu'à ce que, suffoqués par les flammes et par la fumée, ils rendissent le dernier soupir. Comme de coutume, on réunit les os et les cendres des victimes et on les dispersa dans la mer.

Donnons maintenant quelques détails sur chacun des martyrs. Le Bienheureux Barthélemy Guttierez naquit à Mexico, dans la Nouvelle-Espagne, au mois de septembre 1580. Ses nobles et riches parents lui donnèrent une éducation très-chrétienne, il prit l'habit de Saint-Augustin à l'âge de seize ans, et fit profession le 1er juillet 1597. Il passa aux Philippines en 1606; ses études étaient achevées et il avait été ordonné prêtre. La haute opinion qu'on avait de sa vertu lui fit donner pendant plusieurs années la charge de maître des novices. Il brûlait du désir de propager la foi parmi les idolâtres et de répandre son sang pour Jésus-Christ. Afin de mériter cette grâce, il consacrait de longues heures à la prière et macérait son corps par de rudes pénitences. Dieu l'exauça et ses supérieurs l'envoyèrent au Japon en mai 1613. Pendant dix-huit ans, il parcourut ces royaumes en tous sens et brava tous les dangers pour secourir les âmes. Nous voyons par plusieurs lettres des Pères de la Compagnie de Jésus qu'ils étaient étroitement liés avec lui et qu'ils le regardaient comme un homme d'une prudence, d'une douceur et d'un zèle dignes de tous les éloges.

Le Bienheureux Père Vincent de Carvalho, nommé aussi de Saint-Antoine, était portugais. Il naquit de parents illustres à Alfama, dans le voisinage de Lisbonne. Les Augustins le reçurent dans leur couvent de Sainte-Marie de la Grâce, où il prononça ses vœux en 1587. Il fit ses études et reçut la prêtrise en Portugal. Puis, plusieurs années après, en 1621, son zèle pour le salut des âmes le conduisit au Mexique, l'année suivante à Manille, et enfin au Japon où il arriva en 1623, quand la persécution y sévissait avec le plus de rage. Il resta caché pendant quelques années, travaillant en secret à soutenir les fidèles, à convertir les gentils, jusqu'à ce qu'il plût à Dieu de combler ses désirs en lui accordant la couronne du martyre.

Le Bienheureux François de Jésus naquit à Villa-Mediana, en Espagne; il eut pour père Pierre d'Ortega et pour mère Marie Perez, de familles nobles et riches. Il resta orphelin à l'âge de huit ans et fut élevé dans la piété et les lettres par deux oncles prêtres. Il entra, en 1614, à l'âge de dix-sept ans, chez les Augustins déchaussés de Valladolid, passa au Mexique en 1622, après sa profession et son ordination au sacerdoce, puis l'année suivante à Manille, et de là au Japon avec l'office de vicaire provincial. Il fut pris avec le Père Vincent Carvalho, son inséparable compagnon, et il soutint avec lui les souffrances d'une longue prison, les eaux sulfureuses du mont Ungen et le feu, où il acheva d'être victime pour Jésus-Christ.

Ximabara, village du territoire d'Arima au Japon,

fut la patrie du Bienheureux Père Antoine Ixida qui prit le nom portugais de Pinto dans le temps de la persécution. Le séminaire des Pères de la Compagnie de Jésus le reçut dès son enfance, et il entra dans leur ordre en 1589, âgé de dix-neuf ans. Sa connaissance parfaite des sectes païennes et sa rare éloquence donnaient à son ministère une efficacité admirable. Il parcourut un grand nombre de provinces, prêchant partout le royaume de Dieu, convertissant beaucoup d'infidèles et parmi eux un bon nombre de personnages de haut rang. Son intrépidité lui faisait mépriser tout danger. Il mettait en défaut par ses déguisements la sagacité des geôliers, pénétrait dans les prisons où les chrétiens attendaient le martyre et leur procurait les secours et les consolations du saint ministère; il supporta la prison, l'exil et toute espèce de travaux avec une générosité de cœur héroïque. Il vécut 63 ans dont quarante furent employés utilement dans la religion.

Le Bienheureux Jérôme de Torres était également japonais, et élève du séminaire d'Arima. Il changea probablement de nom à Manille où il se rendit très jeune encore. Il y poursuivit ses études, reçut le sacerdoce et donna ses soins pendant plusieurs années aux Japonais qui étaient dans cette ville comme exilés ou comme trafiquants. La vue des maux extrêmes des chrétiens persécutés au Japon l'émut de compassion et il rentra dans sa patrie en 1628 pour leur porter secours. Il allait à leur recherche sur les montagnes les plus escarpées, au fond des vallées et des bois, où ils s'étaient réfugiés en grand nombre pour échapper aux tourments et à la mort. Le Père Jacques de Saint-François, commissaire de son ordre, le reçut pour sa consolation dans le tiers-ordre où il prit le nom de Jérôme de la Croix. Il tomba, en 1631, entre les mains des ennemis de la foi, soutint avec les autres religieux une année de très-dure prison, puis les eaux bouillantes du mont Ungen et la mort dans le feu, après avoir constamment refusé de renoncer à la foi, ou de feindre de l'avoir fait, comme il y fut poussé à plusieurs reprises.

Le Bienheureux Frère Gabriel de la Madeleine naquit à Fonseca, dans la Nouvelle-Castille, de pieux et honnêtes parents. Il vécut dans le monde jusqu'à l'âge de trente ans et y mena une vie si exemplaire qu'on le surnomma le saint. Le désir d'une plus grande perfection le conduisit chez les Frères Mineurs déchaussés, dans la province de Saint-Joseph, où il fit profession comme frère lai. Sans la vigilance de ses supérieurs il aurait porté à l'excès la pratique de la pauvreté et de la mortification. On l'entendait souvent répéter certaines maximes spirituelles qui l'excitaient lui et les autres à s'avancer de plus en plus dans la perfection chrétienne. La lecture des lettres du Japon lui donna un ardent désir d'y travailler pour la gloire de Dieu; il y arriva par la voie de Manille en 1612. Aussitôt qu'il parla la langue du pays, comme il savait un peu de médecine, il se consacra dans les hôpitaux au service des malades et des lépreux. Il les soignait avec la plus grande tendresse, baisait leurs pieds et même leurs plaies. Dieu accorda plusieurs fois, dit-on, à ses prières des guérisons miraculeuses. Aussi grand nombre de personnes, même parmi les païens, accouraient à lui; il les recevait tous avec de bonnes manières et cherchait à les gagner à la foi. Il visitait les chrétiens cachés sur les montagnes voisines de Nangasaki, quand il fut pris le 20 mars 1630 et conduit à la prison qui renfermait déjà les Pères de Saint-Augustin et le Père Ixida de la Compagnie de Jésus. Sur ces entrefaites une proche parente du gouverneur tomba grièvement malade. On tira le Frère Gabriel de prison en le priant de la guérir. Non-seulement il soigna le corps de la malade, mais il voulut aussi donner des soins à son âme en l'engageant à devenir chrétienne. Le gouverneur en fut tellement irrité qu'il fit lier et reconduire le serviteur de Dieu dans sa prison avec force mauvais traitements. On lui offrit plusieurs fois la vie s'il voulait apostasier, mais il repoussa toujours cette proposition impie avec horreur. Beaucoup de témoins ont déposé dans les procès-verbaux que pendant que le serviteur de Dieu était soumis au tourment des eaux bouillantes du mont Ungen, on le vit disparaître miraculeusement et revenir ensuite, et qu'une fois il tenait en main quelques pains chauds qu'il donna aux bourreaux pour leur nourriture. D'autres affirment l'avoir vu soulevé de terre et environné d'une lumière éclatante pendant qu'il priait. Quand il fut lié à son poteau pour être brûlé, il se mit à genoux, leva les mains et les yeux au ciel et se tint immobile jusqu'au dernier soupir[1].

XXXIV

CONDITION DES DEUX CENT CINQ MARTYRS
DESTRUCTION DE LA CHRÉTIENTÉ DU JAPON ET ESPÉRANCES POUR L'AVENIR

Nous avons, dans ce qui précède, donné pour l'édification des fidèles les relations succinctes de

---

1. Bart., lib. IV, n. 6. — *Process. apost.*

trente-deux martyres, selon l'ordre des temps où ils ont eu lieu. C'est de mémoires authentiques et de témoignages confirmés sous la foi du serment, que nous les avons extraites. Ils contiennent, tous réunis, les martyres de deux cent cinq confesseurs de la foi, accomplis par divers genres de mort, en haine et pour la défense de la foi catholique. D'après le catalogue présenté aux juges apostoliques à Manille et à Macao par les procureurs des quatre ordres religieux, vingt et un religieux prêtres, clercs et laïcs et vingt-quatre séculiers du tiers-ordre et serviteurs appartiennent aux Frères Prêcheurs; dix-huit religieux prêtres, clercs et laïcs et onze séculiers du tiers-ordre, aux Frères Mineurs de Saint-François; cinq prêtres et six séculiers du tiers-ordre, aux Ermites de Saint-Augustin; et finalement trente-trois religieux prêtres, scholastiques et frères coadjuteurs avec sept catéchistes et divers hôtes et serviteurs, à la Compagnie de Jésus.

Beaucoup de martyrs séculiers des deux sexes ne peuvent se classer ainsi et s'attribuer à qui de droit; car ces bons chrétiens, dans leur désir de se sanctifier de plus en plus, se faisaient affilier successivement à plusieurs ordres et à beaucoup de confréries, comme sont les confréries du Saint-Rosaire, de la Ceinture et des sacrés Stigmates, les congrégations en l'honneur de la sainte Vierge et de saint François-Xavier, de saint Ignace et de plusieurs autres que les missionnaires établissaient comme offrant autant d'écoles de piété et de perfection chrétienne.

Quoique nos récits ne dépassent pas l'année 1632, il ne faut pas croire que la persécution prit fin à cette époque, et qu'il n'y eut plus de martyrs au Japon. De 1633 à 1646, outre plus de cent chrétiens séculiers, on compte sept religieux de Saint-Dominique, deux de Saint-François, deux de Saint-Augustin, et quarante-trois de la Compagnie de Jésus, en partie brûlés vifs à petit feu, en partie tués par l'horrible tourment de la fosse. Ils furent les derniers qui restèrent ou qui purent pénétrer au Japon; car, par les manœuvres des Hollandais et des Anglais, les Espagnols et les Portugais furent exclus de tout commerce avec ce pays, en vertu d'un édit de bannissement perpétuel. De plus l'empereur publia une loi qui ordonnait sous peine de mort, à tous les sujets de l'empire, de porter visiblement au cou une image de quelque idole, et à tous les étrangers de ne descendre à terre dans aucun port de l'empire, sans fouler d'abord aux pieds le crucifix, comme protestation qu'ils n'avaient rien de commun avec la loi et le Dieu des chrétiens. Toute issue était ainsi fermée aux missionnaires catholiques, et la chrétienté fut entièrement détruite. Exemple étonnant et peut-être unique dans l'histoire ecclésiastique d'une église nombreuse, florissante, arrosée du sang de beaucoup de martyrs, disparaissant par une secrète et adorable permission de Dieu! Mais ce sang vit, comme la semence jetée sous terre, et à son temps il devra germer et donner ses fruits en abondance. Oui, il arrivera pour le Japon, il arrivera ce que nous voyons pour le reste du monde, que le sang de tant de centaines de Japonais et d'Européens, répandu sur ce malheureux pays, se ranimera, quand Dieu, à la prière de ses martyrs, abaissera sur lui un œil de miséricorde et y fera luire de nouveau la lumière de l'Évangile. Nous avons déjà des indices et je dirai presque des preuves de cette prochaine résurrection; il nous vient de plusieurs sources des rapports où des personnes d'autorité affirment, comme témoins oculaires, qu'un grand nombre de Japonais gardent dans leur cœur les principes de la foi catholique, et ont même encore conservé l'usage du baptême; de plus on tient toujours en grande vénération le saint mont des Martyrs de Nangasaki et on voit çà et là, dans les maisons particulières, quelques signes de la religion chrétienne.

En outre, la canonisation solennelle des premiers vingt-six martyrs japonais, comme on le tient de lettres récentes des vicaires apostoliques de Corée et de Chine, a excité un mouvement religieux dans quelques populations du Japon, qui se sont abouchées avec des missionnaires catholiques et leur ont demandé avec anxiété des nouvelles de Rome et du vicaire de Jésus-Christ. Or que ne pourra pas faire de son côté la glorification de ces autres martyrs dont la plus grande partie sont des Japonais de toute condition, de tout âge et de tout sexe? La cause de ces martyrs avait été introduite dans les temps passés et poussée avec succès ; elle était si près d'une conclusion favorable que l'illustre famille Spinola avait préparé à Gênes une somptueuse chapelle ornée des plus beaux marbres pour la dédier au culte du bienheureux Charles Spinola, leur parent. Puis, on ne sait comment, cette cause fut abandonnée et tomba en oubli pendant près de deux siècles ; mais reprise avec zèle dans ces dernières années et, par la bienveillance du souverain Pontife Pie IX, conduite heureusement à son terme, elle sera, sans aucun doute, comme une nouvelle lumière qui dissipera les ténèbres de l'idolâtrie dans ce malheureux empire du Japon. Non, ce n'est pas sans une disposition particulière de Dieu, qu'en si peu d'années et selon toutes les formes requises, aient eu lieu la Canonisation solennelle de vingt-six martyrs du Japon et la Béatification solennelle de deux cent cinq autres martyrs de cette contrée.

XXXV

PRODIGES PAR LESQUELS DIEU A GLORIFIÉ LES BIENHEUREUX MARTYRS A DIVERSES ÉPOQUES

Nous allons terminer par le récit de quelques-uns des miracles que Dieu s'est plû à opérer en l'honneur de nos bienheureux martyrs. Il est vrai que lorsqu'on parle des martyrs les miracles à considérer en eux, c'est leur constance dans la confession de la foi et leur courage à supporter jusqu'à la mort les plus cruels tourments. *En vérité*, a écrit saint Eusèbe, évêque de Cordoue, *il faut croire que la grandeur des martyrs vient, non des prodiges et des miracles, mais de l'intégrité de la foi et de la constance à la professer*[1].

Quoi qu'il en soit, Dieu a voulu encore honorer ses serviteurs par des miracles. Nous avons déjà parlé de quelques-uns. Ainsi on a vu une lumière éclatante et extraordinaire descendre du ciel et s'arrêter

---

1. *In apologet.*, pro MM. Corduben.

sur le lieu du martyre des Bienheureux Pierre de l'Assomption et Jean-Baptiste Machado, sur les cinq martyrs crucifiés à Cocura, sur les cinquante-deux Bienheureux du grand martyre; les ossements et les reliques des Bienheureux Ferdinand de Saint-Joseph et Pierre de Zuniga exhalaient un parfum surnaturel; beaucoup d'infirmes guérirent de leurs maladies au toucher de la terre baignée du sang et couverte des cendres du Bienheureux François Pacheco et de ses compagnons. On a parlé en son lieu de la découverte et de l'incorruptibilité des corps des Bienheureux Pierre de l'Assomption et Ferdinand de Saint-Joseph, que confirmèrent une foule de témoins oculaires.

Ce n'est pas seulement au Japon mais encore en Europe que Dieu a voulu glorifier ses serviteurs. Pendant l'année 1671, Don Bernardin Orsucci obtint un insigne miracle par l'intercession du Bienheureux Ange Orsucci. Il se rendait par mer de Viareggio à Livourne avec quelques parents et plus de cinquante soldats. Après deux heures d'une heureuse navigation, sur le soir du 10 août, il s'éleva une furieuse tempête qui alla croissant toute la nuit. Le navire était petit et incapable de résister à l'impétuosité des vagues. Il perdit en un instant le gouvernail, un mât et ses principales voiles. Le choc de ces énormes vagues y fit plusieurs voies d'eau qu'il était impossible de boucher. Le pilote atterré cria qu'il n'y avait plus d'espoir de salut; les mariniers et les passagers levant alors les yeux au ciel invoquèrent à grands cris et avec larmes le secours des saints; et se voyant perdus, ils se dépouillaient en partie de leurs vêtements pour se jeter à la nage aussitôt que le vaisseau commencerait à sombrer, lorsque D. Bernardin Orsucci eut l'heureuse inspiration de leur dire: « Eh pourquoi ne nous recommandons-nous pas au Père Ange Orsucci? Je suis son neveu, nous avons avec nous deux autres de ses petits-neveux, il nous sauvera la vie. » Cela dit, il l'invoqua avec ces paroles précises: « Père Ange, il est temps maintenant de nous faire connaître si vous êtes martyr et bienheureux dans le ciel. » Tous les autres s'agenouillèrent, et après avoir fait un bon acte de contrition, ils reçurent de D. Bernardin l'absolution sacramentelle et implorèrent le secours du martyr plus encore par leurs larmes que par leurs paroles. Quelques-uns entendirent alors une voix dans les airs qui disait: « Ne craignez pas, vous avez un bon pilote, il vous conduira sûrement au port. » Quoi qu'il en soit, le navire rebroussa chemin tout à coup et, quelque contraires que fussent les courants et le vent, quoiqu'on fût éloigné de plus de huit milles du rivage, en un instant, selon la déposition unanime de tous les témoins, et comme si la barque fût portée à la main, elle arriva miraculeusement à la plage, sans voiles, sans timon et sans que les mariniers et les passagers eussent perdu le moindre de leurs effets, tandis que la mer était couverte tout autour de planches et de débris d'autres navires, qui bien qu'en meilleur état n'avaient pu résister à la tempête. Cette miraculeuse délivrance est confirmée dans le procès-verbal apostolique de Lucques par dix témoins pris sur le navire et en particulier par le pilote.

Pétronille Orsini, oblate du monastère de Torre di Specchi à Rome, tombait du haut mal depuis plus de quinze ans. Les crises lui arrivaient chaque mois et plus souvent encore : alors elle se jetait à terre, avait d'étranges convulsions et rejetait l'écume par la bouche. Agée de quarante ans et plus, tourmentée d'un mal devenu invétéré, les médecins la regardaient comme incurable et jugeaient tous les remèdes inutiles. Sœur Pétronille reçut, en 1628, du Père Fabius Spinola de la Compagnie de Jésus une pieuse image du vénérable Père Charles Spinola, mort peu d'années auparavant en haine de la foi ; elle sentit naître au fond de son cœur la ferme confiance d'obtenir sa guérison par l'intercession du serviteur de Dieu. Elle se recommanda donc au martyr, de tout son cœur, elle promit de réciter chaque jour en son honneur certaines prières ; elle fut aussitôt exaucée, le mal cessa entièrement et elle n'en souffrit plus jusqu'à la mort : ainsi l'ont déposé dans le procès-verbal apostolique cinq religieuses oblates du même monastère, indépendamment du témoignage du médecin Jean Manelfi et du Père Nicolas Badelli de la Compagnie de Jésus.

Ce prodige excita la confiance de deux autres religieuses bénédictines qui habitaient le couvent de Sainte-Anne à Rome. La première, sœur Octavie Berneri, souffrait depuis plus d'une année les plus vives douleurs au sein dont on n'avait pu retirer une grosse aiguille d'acier qui s'y était enfoncée par accident. Elle se recommanda au Père Charles Spinola et l'aiguille sortit d'elle-même, sans douleur, sans même laisser la moindre cicatrice. L'autre sœur, Claudia, converse, avait une tumeur cancéreuse dans l'estomac, elle ne retenait aucun aliment, les rejetait tous avec quantité de sang. Se voyant réduite à une extrême faiblesse et n'attendant plus rien des médecins, elle invoqua le secours du vénérable Père Spinola et fut aussitôt radicalement guérie.

Le 18 mai 1663, la flotte française bombardait la ville de Gênes, une bombe, la mèche enflammée, vint à tomber dans la chambre où était D. Philippe Spinola, comte de Tassarolo. Dans cette extrémité, ce pieux seigneur se tourna vers un portrait peint du Véner. Père Spinola, suspendu à la muraille, et que lui avait envoyé de Rome le Père Louis Spinola, son parent. La bombe éclata avec un horrible fracas, brûla et détruisit en partie ce que cette chambre contenait, mais ni le comte ni l'image du serviteur de Dieu n'en reçurent la moindre atteinte. D. Philippe en donna sous la foi du serment un témoignage écrit de la main du notaire public.

XXXVI

ACTES DE LA BÉATIFICATION

Déjà dans l'année 1623 la sacrée Congrégation des Rites, ayant reçu les relations authentiques des morts glorieuses de quelques serviteurs de Dieu, tués en haine de la foi, avait ordonné au nonce apostolique d'Espagne à Madrid et à l'administrateur de l'évêché de la Chine, de prendre des informations juridiques. C'est en exécution de ces ordres qu'ont été dressés en 1624 et 1625 deux procès-verbaux renfermant les dépositions de trente-trois témoins dignes de foi.

Puis, en 1626, le Père Sébastien Vieira de la Compagnie de Jésus, procureur de la mission du Japon, celui-là même qui y mourut, plus tard, par le supplice de la fosse et du feu, vint à Rome et fut interrogé comme témoin oculaire, sur les morts de beaucoup de martyrs arrivées postérieurement aux précédentes relations. Aussitôt que les membres de la famille Spinola en furent instruits, ils s'adressèrent au cardinal Jean Dominique Spinola, évêque de Lucques, en le priant de promouvoir, autant qu'il le pourrait, la cause de leur bienheureux martyr. Voici la lettre que lui écrivirent les principaux membres de la famille des Locoli, à la date du 1er janvier 1627. « Le cruel martyre que le Père Charles Spinola de la Compagnie de Jésus a souffert au Japon, après une prison de plusieurs années, nous a inspiré à tous le désir de donner à ce héros chrétien quelque marque de pieux souvenir. Or, comme nous apprenons que ce n'est plus seulement le bruit public qui apporte ce glorieux fait, mais qu'on en a interrogé des témoins en présence du vicaire de Sa Sainteté, nous prenons la confiance, au nom de toute la famille, de recourir à Votre Éminence qui y occupe le premier rang, en la priant de faire tous ses efforts auprès de Sa Sainteté, au nom de nous tous, si elle le juge convenable, pour obtenir les lettres rémissoriales en vertu desquelles on puisse, par autorité apostolique, prendre au Japon et partout ailleurs des informations authentiques. Toute la famille sera éternellement reconnaissante de cette grâce à notre Saint Père le Pape et à Votre Éminence que nous saluons avec respect. De Gênes, le premier janvier 1627. Vos dévoués serviteurs Étienne, Marie et Jacques Spinola, chefs de la famille des Locoli. » Les membres d'une autre branche des Spinola écrivirent de leur côté en ces termes : « Voilà plusieurs mois qu'on entend dire, et ce que confirment d'ailleurs les Pères de la Compagnie de Jésus, que le Père Charles Spinola, de leur ordre, qui est allé au Japon cultiver la vigne du Seigneur, après une horrible prison, a enfin reçu la couronne du martyre par une cruelle mais glorieuse mort ; de plus nous apprenons que le vicaire de Sa Sainteté, ou tout autre tribunal, en recueille les informations ordinaires. Or, comme il s'agit d'un membre de notre famille dont la vie et la mort si admirables peuvent procurer de la gloire à Jésus-Christ, c'est pour nous un devoir de contribuer à cette œuvre autant qu'il se peut. C'est pourquoi nous prions Votre Éminence de vouloir bien y interposer son autorité, comme il sera convenable, et nous sommes certains qu'elle s'occupera avec sa piété accoutumée de cette affaire qui intéresse la famille tout entière.

Gênes, le 2 janvier 1627. Vos très dévoués serviteurs, Jean Nicolas Spinola, Léonard Spinola, chefs de la famille. » Après la réception de ces lettres, le cardinal nomma par acte public le Père Virgile Cépari de la Compagnie de Jésus postulateur de la cause, lequel présenta immédiatement son mémoire non-seulement sur le martyre du Vénérable Père Spinola, mais sur les autres martyres, et en particulier sur ceux de divers ordres religieux. Le roi d'Espagne, les procureurs des ordres religieux firent alors de nouvelles instances ; et le Pape Urbain VIII ordonna en novembre 1627 l'expédition de lettres rémissoriales à l'archevêque de Manille aux îles Philippines et à l'évêque du Japon résidant à Macao en Chine, afin qu'on prît des informations non-seulement sur les martyres contenus dans le mémoire proposé, mais encore sur tous les autres pour lesquels on aurait des témoignages.

On put dresser, en 1630 et 1632, quatre procès-verbaux solennels, un à Manille et trois à Macao, où soixante et un autres témoins déposèrent sur la vie et la mort de chaque martyr. Ils furent approuvés à Rome comme valides et la cause fut discutée dans plusieurs congrégations. On commença, selon l'avis du promoteur de la foi, par examiner le doute s'il constait véritablement du motif du martyre de la part du tyran; le doute fut résolu affirmativement et confirmé par un décret du Pape Innocent XI, du 3 février 1667. Pendant que l'on traitait, d'autre part, du doute qui regarde le martyre matériel et formel des mêmes martyrs, le Saint-Siége recevait de pressantes suppliques de la république de Gênes, des rois d'Espagne et de Portugal, de l'empereur Léopold et de l'impératrice Éléonore d'Autriche. Voici entre autres une des premières lettres que la république de Gênes a envoyées au Pape Clément IX:

« On s'occupe, Très-Saint Père, d'une cause générale dans laquelle on va dans peu présenter à Votre Sainteté les actes de la Canonisation du Vénérable Charles Spinola. Il a voulu, par un meilleur parti, surpasser la gloire impérissable que ses aïeux ont acquise dans leurs glorieuses entreprises sur terre et sur mer; pour cela, méprisant tous les attraits du monde, il s'est consacré au service de Dieu dans la Compagnie de Jésus, à l'âge de vingt ans; à trente ans il a passé au Japon, conduit par le désir de propager la foi; et là, après diverses souffrances qu'il endura pendant quatre années dans une très-dure prison, il mourut plein de vertus, âgé de cinquante-huit ans, brûlé vif à petit feu. Il est grandement utile à la république chrétienne que l'on garde toujours le souvenir de cet homme, qui a confirmé de son sang la divinité de notre foi, et que l'exemple de cet illustre martyr excite dans les fidèles le désir de marcher sur ses traces. C'est pourquoi nous supplions humblement Votre Sainteté, qu'en vertu de son autorité pontificale elle inscrive le glorieux martyr Charles Spinola au nombre des saints, parmi lesquels il jouit déjà depuis longtemps, comme il est à croire, du bonheur éternel. Il en rejaillira un grand éclat sur l'illustre Compagnie de Jésus, qui s'emploie avec tant de sollicitude à la conversion des infidèles, et sur cette noble famille Spinola qui nous est chère à beaucoup de titres; ce sera un encouragement spécial pour nous qui baisons respectueusement vos pieds sacrés et demandons à Dieu de vous accorder une longue prospérité. De Gênes, le 22 novembre 1667. Vos très-dévoués et très-obéissants fils, le doge et les gouverneurs de Gênes. »

La république fit davantage; elle envoya d'autres lettres à Innocent XI, pressant avec chaleur l'expédition de la cause. Le pape Alexandre VIII voulait la définir, et procéder sans entrer dans la discussion particulière des signes ou miracles, d'après l'ancienne coutume de l'Église et le sentiment commun des Pères et des Docteurs. Mais la mort qui l'enleva, après un court pontificat, ne lui permit pas de prendre sur ce point l'avis de la Congrégation générale, qui devait délibérer en sa présence. La cause fut ainsi suspendue, et demeura dans l'oubli jusqu'à nos jours.

La canonisation solennelle des vingt-six Martyrs japonais, en 1862, réveilla le souvenir de ces autres illustres héros de la foi. Alors les Pères Vincent Aquarone, Bernardin dalle Grotte di Castro, Nicolas Primavera et Joseph Boero, postulateurs généraux de leurs ordres respectifs de Saint-Dominique, de Saint-François, de Saint-Augustin et de la Compagnie de Jésus, supplièrent Sa Sainteté Pie IX de permettre d'en reprendre la cause et d'en proposer la discussion, avec le vote du promoteur de la foi, dans une congrégation députée à cet effet. A leurs instances se joignirent celles de plusieurs cardinaux et évêques d'Italie, de France et d'Angleterre, celles des vicaires apostoliques de Mayssour, de Siam, de Lassa, du Sutchuen, et celles enfin de la noble famille Spinola. Le Saint-Père accorda avec bonté la grâce qu'on lui demandait, et nomma une congrégation particulière de cinq cardinaux qui, avec les prélats employés dans la Sacrée Congrégation, discutèrent tous les points avec soin et selon les formes judiciaires voulues.

On reprit à cette occasion la controverse déjà autrefois agitée et non encore terminée, à savoir si dans les causes des martyrs, où il conste clairement du martyre et de ses motifs, il faut encore nécessairement exiger des signes ou miracles pour procéder à la Béatification. On composa sur ce point un court mémoire où, après avoir établi les caractères des signes et des miracles dont il est fait souvent mention dans les actes des martyrs, on démontre que c'était l'usage très-ancien de l'Église, pratiqué depuis plus de seize siècles, de rendre un culte aux martyrs sans aucun examen juridique des miracles, quand les actes de leur mort avaient été reconnus authentiques. Cet usage, écrit le cardinal Baronius, nul ne l'aurait introduit dans la primitive Église sinon par l'autorité des apôtres, et il n'aurait jamais été accepté par l'Église universelle, si on ne l'avait su venir de la tradition apostolique[1].

Outre que c'est là l'opinion des théologiens et des canonistes les plus renommés, et des auteurs les plus célèbres qui ont écrit expressément sur cette matière, c'est encore l'opinion des auditeurs de Rote dans les rapports qu'ils ont faits dans les causes des martyrs, et présentement celle du Saint-Siége et de la Sacrée Congrégation, par rapport aux martyrs qu'on extrait des catacombes de Rome, et dont on

---

1. *Ann.*, ad ann. 58.

permet le culte quand il conste de leur martyre par des preuves indubitables. Enfin le martyre ayant, comme disent les Pères, la vertu de remettre la coulpe et la peine à la façon d'un second baptême, et renfermant en soi un acte de charité très-parfaite, on ne peut, en aucune manière, douter de la gloire du martyr, lorsqu'il ne reste aucun doute sur la vérité du martyre, qui est un des signes caractéristiques de l'Église catholique distinct du signe des miracles. Ces motifs et d'autres encore, exposés déjà succinctement dans les anciens mémoires et plus amplement cette fois, furent examinés avec grande attention dans deux séances, et après avoir considéré de nouveau les circonstances particulières de cette cause, on en vint à la conclusion, que N. S. P. le Pape Pie IX daigna confirmer en publiant, le 26 février de cette année 1867, dans la grande salle du Collège romain, le décret suivant : Il conste du martyre de la part des martyrs, en sorte que, dans le cas présent, on peut procéder à la Béatification ; et pareillement il conste de la vérité de quatre des signes ou miracles proposés, savoir : des quatrième, douzième, treizième et quatorzième, qui sont la prodigieuse conservation et intégrité des corps et des vêtements des VV. Pierre de l'Assomption et Ferdinand de Saint-Joseph ; la prodigieuse conservation et intégrité d'un livre manuscrit retiré de l'eau; la prodigieuse délivrance d'un navire dans un naufrage imminent, et la miraculeuse guérison de la sœur Pétronille Orsini du mal caduc.

Il ne restait plus qu'à demander aux consulteurs et aux autres cardinaux de la Sacrée Congrégation des Rites, si, cela posé, on pouvait procéder avec sécurité à la Béatification solennelle. Leur réponse fut affirmative, sans exception, et Sa Sainteté Pie IX confirma leur avis par le décret qu'il publia, le 30 avril de cette année, dans la bibliothèque *Angelica* du couvent de Saint-Augustin.

CATALOGUE DES 205 MARTYRS

SELON L'ORDRE DE LEUR MARTYRE

Martyre I du 22 mai 1617.

1. Le B. Pierre de l'Assomption, prêtre de l'ordre des Frères Mineurs, espagnol;
2. Le B. Jean-Baptiste Machado, prêtre de la Compagnie de Jésus, portugais.

Martyre II du 1ᵉʳ juin 1617.

3. Le B. Alphonse Navarrete, prêtre de l'ordre des Frères Prêcheurs, espagnol;
4. Le B. Ferdinand de Saint-Joseph, prêtre de l'ordre des Ermites de Saint-Augustin, espagnol;
5. Le B. Léon Tanaca, catéchiste des PP. de la Compagnie de Jésus, japonais.

Martyre III du 1ᵉʳ octobre 1617.

6. Le B. Gaspard Fisogiro, japonais, confrère du Saint-Rosaire;

7. Le B. André Gioxinda, japonais, confrère du Saint-Rosaire.

Martyre IV du 16 août 1618.

8. Le B. Jean de Sainte-Marthe, prêtre de l'ordre des Frères Mineurs, espagnol.

Martyre V du 19 mai 1619.

9. Le B. Jean de Saint-Dominique, prêtre de l'ordre des Frères Prêcheurs, espagnol.

Martyre VI du 18 novembre 1619.

10. Le B. Léonard Kimura, coadjuteur temporel de la Compagnie de Jésus, japonais;
11. Le B. André Tocuan, japonais;
12. Le B. Côme Taquea, coréen;
13. Le B. Jean Xoum, japonais;
14. Le B. Dominique Georges, portugais. Les quatre derniers confrères du Saint-Rosaire.

Martyre VII du 27 novembre 1619.

15. Le B. Barthélemy Xequi, japonais;
16. Le B. Antoine Kimura, japonais;
17. Le B. Jean Ivananga, japonais;
18. Le B. Alexis Nacamura, japonais;
19. Le B. Léon Nacanixi, japonais;

20. Le B. Michel Taxita, japonais;
21. Le B. Mathias Cozaca, japonais;
22. Le B. Romain Matevoca, japonais;
23. Le B. Mathias Nacano, japonais;
24. Le B. Jean Motaiana, japonais;
25. Le B. Thomas Cotenda, issu des rois de Firando, tous affiliés au Saint-Rosaire.

Martyre VIII du 7 janvier 1620.

26. Le B. Ambroise Fernandez, coadjuteur temporel de la Compagnie de Jésus, portugais.

Martyre IX du 22 mai 1620.

27. Le B. Mathias d'Arima, catéchiste des PP. de la Compagnie de Jésus, japonais.

Martyre X du 16 août 1620.

28. Le B. Simon Quiota, catéchiste des PP. de la Compagnie de Jésus, japonais;
29. La B. Madeleine, femme du précédent, japonaise;
30. Le B. Thomas Guengoro, japonais;
31. La B. Marie, femme du précédent, japonaise;
32. Le B. Jacques, fils des précédents. Inscrits au Saint-Rosaire.

Martyre XI du 10 août 1622.

33. Le B. Augustin Ota, de la Compagnie de Jésus, japonais.

Martyre XII du 19 août 1622.

34. Le B. Louis Flores, prêtre de l'ordre des Frères Prêcheurs, belge;
35. Le B. Pierre de Zuniga, prêtre de l'ordre des ermites de Saint-Augustin, mexicain;
36. Le B. Joachim Firaiama, japonais;
37. Le B. Léon Sucheiemon, japonais;
38. Le B. Jean Foiamon, japonais;
39. Le B. Michel Diaz, japonais;
40. Le B. Marc Xineiemon, japonais;
41. Le B. Thomas Coianaqui, japonais;
42. Le B. Antoine Giamanda, japonais;
43. Le B. Jacques Denxi, japonais;
44. Le B. Laurent Rocuiemon, japonais;
45. Le B. Paul Sanciqui, japonais;
46. Le B. Jean Iago, japonais;
47. Le B. Barthélemy Mofioie, japonais;
48. Le B. Jean Nangata, japonais. Inscrits au Saint-Rosaire.

Martyre XIII du 10 *septembre* 1622.

49. Le B. François Morales, prêtre de l'ordre des Frères Prêcheurs, espagnol ;
50. Le B. Ange Orsucci, prêtre de l'ordre des Frères Prêcheurs, italien ;
51. Le B. Alphonse de Mena, prêtre de l'ordre des Frères Prêcheurs, espagnol ;
52. Le B. Joseph de Saint-Hyacinthe, prêtre de l'ordre des Frères Prêcheurs, espagnol ;
53. Le B. Hyacinthe Orfanel, prêtre de l'ordre des Frères Prêcheurs, espagnol ;
54. Le B. Alexis, choriste profès de l'ordre des Frères Prêcheurs, japonais ;
55. Le B. Thomas du Rosaire, choriste profès de l'ordre des Frères Prêcheurs, japonais ;
56. Le B. Dominique du Rosaire, choriste profès de l'ordre des Frères Prêcheurs, japonais ;
57. Le B. Richard de Sainte-Anne, prêtre de l'ordre des Frères Mineurs, belge ;
58. Le B. Pierre d'Avila, prêtre de l'ordre des Frères Mineurs, espagnol ;
59. Le B. Vincent de Saint-Joseph, frère lai de l'ordre des Frères Mineurs, espagnol ;
60. Le B. Charles Spinola, prêtre de la Compagnie de Jésus, italien ;

61. Le B. Sébastien Kimura, prêtre de la Compagnie de Jésus, japonais;
62. Le B. Gonsalve Fusai, scholastique de la Compagnie de Jésus, japonais;
63. Le B. Antoine Kiuni, scholastique de la Compagnie de Jésus, japonais;
64. Le B. Pierre Sampo, scholastique de la Compagnie de Jésus, japonais;
65. Le B. Michel Xumpo, scholastique de la Compagnie de Jésus, japonais;
66. Le B. Jean Ciongocu, scholastique de la Compagnie de Jésus, japonais;
67. Le B. Jean Acafoxi, scholastique de la Compagnie de Jésus, japonais;
68. Le B. Louis Cavara, scholastique de la Compagnie de Jésus, japonais;
69. Le B. Léon de Satzuma, du tiers-ordre de Saint-François, japonais;
70. La B. Lucie de Freitas, du tiers-ordre de Saint-François, âgée de quatre-vingts ans, japonaise;
71. Le B. Antoine Sanga, catéchiste des PP. de la Compagnie de Jésus, japonais;
72. La B. Madeleine, sa femme, japonaise;
73. Le B. Antoine, catéchiste des PP. de la Compagnie de Jésus, coréen;

74. La B. Marie, sa femme, japonaise ;
75. Le B. Jean, âgé de douze ans,
76. Le B. Pierre, âgé de trois ans, leurs fils ;
77. Le B. Paul Nangaxi, japonais ;
78. La B. Tècle, sa femme ;
79. Le B. Pierre, de sept ans, leur fils ;
80. Le B. Paul Tanaca, japonais ;
81. La B. Marie, sa femme ;
82. La B. Élisabeth Fernandez, femme du martyr Dominique Georges ;
83. Le B. Ignace, de quatre ans, leur fils ;
84. La B. Apollonie, veuve et tante du martyr Gaspard Cotenda, japonaise ;
85. Le B. Dominique Xamada, japonais ;
86. La B. Claire, sa femme ;
87. La B. Marie, femme du martyr André Tocuan, japonaise ;
88. La B. Agnès, femme du martyr Côme Taquea, japonaise ;
89. Le B. Dominique Nacano, fils du martyr Mathias Nacano ;
90. Le B. Barthélemy Xikiemon, japonais ;
91. Le B. Damien Iamiki, japonais ;
92. Le B. Michel, de cinq ans, son fils ;
93. Le B. Thomas Xiquiro, de soixante-dix ans, japonais ;

94. Le B. Rufus Iximola, japonais;
95. La B. Marie, femme du martyr Jean Xoum, japonaise;
96. Le B. Clément Vom, japonais;
97. Le B. Antoine, son fils;
98. La B. Dominique Ongata, japonaise;
99. La B. Catherine, veuve, japonaise;
100. La B. Marie Tanaura, japonaise. Affiliés au Saint-Rosaire.

Martyre XIV du 11 septembre 1622.

101. Le B. Gaspard Cotenda, issu des rois de Firando, catéchiste des Pères de la Compagnie de Jésus, japonais;
102. Le B. François, de douze ans, fils du martyr Côme Taquea;
103. Le B. Pierre de sept ans, fils du martyr Barthélemy Xikiemon.

Martyre XV du 12 septembre 1622.

104. Le B. Thomas Zumarraga, prêtre de l'ordre des Frères Prêcheurs, espagnol;
105. Le B. Mancius de Saint-Thomas, choriste profès de l'ordre des Frères Prêcheurs, japonais;

106. Le B. Dominique, choriste profès de l'ordre des Frères Prêcheurs, japonais;
107. Le B. Apollinaire Franco, prêtre de l'ordre des Frères Mineurs, espagnol;
108. Le B. François de Saint-Bonaventure, frère lai de l'ordre des Frères Mineurs, japonais;
109. Le B. Pierre de Sainte-Claire, frère lai de l'ordre des Frères Mineurs, japonais.

Martyre XVI du 15 septembre 1622.

110. Le B. Camille Costanzo, prêtre de la Compagnie de Jésus, italien.

Martyre XVII du 2 octobre 1622.

111. Le B. Louis Giaciqui, japonais;
112. La B. Lucie, sa femme;
113. Le B. André, de huit ans,
114. Le B. François, de quatre ans, leurs fils.

Martyre XVIII du 1er novembre 1622.

115. Le B. Pierre Paul Navarro, prêtre de la Compagnie de Jésus, italien;
116. Le B. Denis Fugixima, de la Compagnie de Jésus, japonais;
117. Le B. Pierre Onizuki, de la Compagnie de Jésus, japonais;

118. Le B. Clément, serviteur du Père Costanzo, japonais.

Martyre XIX du 4 décembre 1623.

119. Le B. François Galvez, prêtre de l'ordre des Frères Mineurs, espagnol;
120. Le B. Jérôme de Angelis, prêtre de la Compagnie de Jésus, sicilien;
121. Le B. Simon Iempo, de la Compagnie de Jésus, japonais.

Martyre XX du 22 février 1623.

122. Le B. Jacques Carvalho, prêtre de la Compagnie de Jésus, portugais.

Martyre XXI du 25 août 1624.

123. Le B. Michel Carvalho, prêtre de la Compagnie de Jésus, portugais;
124. Le B. Pierre Vasquez, prêtre de l'ordre des Frères Prêcheurs, espagnol;
125. Le B. Louis Sotelo, prêtre de l'ordre des Frères Mineurs, espagnol;
126. Le B. Louis Sasanda, prêtre de l'ordre des Frères Mineurs, japonais;
127. Le B. Louis Baba, frère lai de l'ordre des Frères Mineurs, japonais.

Martyre XXII du 15 novembre 1624.

128. Le B. Caius, coréen, catéchiste des PP. de la Compagnie de Jésus.

Martyre XXIII du 20 juin 1626.

129. Le B. François Pacheco, prêtre de la Compagnie de Jésus, provincial et administrateur de l'évêché, portugais;
130. Le B. Balthazar de Torres, prêtre de la Compagnie de Jésus, espagnol;
131. Le B. Jean-Baptiste Zola, prêtre de la Compagnie de Jésus, italien;
132. Le B. Pierre Rinxei, de la Compagnie de Jésus, japonais;
133. Le B. Vincent Caun, de la Compagnie de Jésus, coréen;
134. Le B. Jean Kinsaco, de la Compagnie de Jésus, japonais;
135. Le B. Paul Xinsuke, de la Compagnie de Jésus, japonais;
136. Le B. Michel Tozo, de la Compagnie de Jésus, japonais;
137. Le B. Gaspard Sadamatzu, frère coadjuteur de la Compagnie de Jésus, japonais.

Martyre XXIV du 12 juillet 1626.

138. Le B. Mancius Araki;
139. Le B. Mathias Araki;
140. Le B. Pierre Araki Cobioie;
141. La B. Suzanne, sa femme;
142. Le B. Jean Tanaca;
143. La B. Catherine, sa femme;
144. Le B. Jean Naisen;
145. Le B. Monique, sa femme;
146. Le B. Louis, de sept ans, leur fils. Tous japonais, hôtes et serviteurs de la Compagnie de Jésus.

Martyre XXV du 29 juillet 1627.

147. Le B. Louis Bertran, prêtre de l'ordre des Frères Prêcheurs, espagnol;
148. Le B. Mancius de Sainte-Croix, frère lai de l'ordre des Frères Prêcheurs, japonais;
149. Le B. Pierre de Sainte-Marie, frère lai de l'ordre des Frères Prêcheurs, japonais.

Martyre XXVI du 16 août 1627.

150. Le B. François Curobioie, du tiers-ordre de Saint-Dominique, japonais;

151. Le B. Caius Iemon, du tiers-ordre de Saint-Dominique, Japonais ;
152. La B. Madeleine Kiota, du sang royal de Bungo, du tiers-ordre de Saint-Dominique ;
153. La B. Françoise, du tiers-ordre de Saint-Dominique, japonaise ;
154. Le B. François de Sainte-Marie, prêtre de l'ordre des Frères Mineurs, espagnol ;
155. Le B. Barthélemy Laurel, frère de l'ordre des Frères Mineurs, mexicain ;
156. Le B. Antoine de Saint-François, frère lai de l'ordre des Frères Mineurs, japonais ;
157. Le B. Gaspard Vaz, japonais ;
158. Le B. Thomas Vo, japonais ;
159. Le B. François Cufioie, japonais ;
160. Le B. Luc Kiemon, japonais ;
161. Le B. Michel Kizaiemon, japonais ;
162. Le B. Louis Matzuo, japonais ;
163. Le B. Martin Gomez, japonais ;
164. La B. Marie, japonaise. Les huit derniers du tiers-ordre de Saint-François.

Martyre XXVII du 7 septembre 1627.

165. Le B. Thomas Tzugi, prêtre de la Compagnie de Jésus, japonais ;
166. Le B. Louis Maqui, japonais ;

167. Le B. Jean, son fils.

Martyre XXVIII du 8 septembre 1628.

168. Le B. Antoine de Saint-Bonaventure, prêtre de l'ordre des Frères Mineurs, espagnol;
169. Le B. Dominique de Nangasaki, frère lai de l'ordre des Frères Mineurs, japonais;
170. Le B. Dominique Castellet, prêtre de l'ordre des Frères Prêcheurs, espagnol;
171. Le B. Thomas de Saint-Hyacinthe, frère lai de l'ordre des Frères Prêcheurs, japonais;
172. Le B. Antoine de Saint-Dominique, frère lai de l'ordre des Frères Prêcheurs, japonais;
173. Le B. Jean Tomaki, japonais;
174. Le B. Dominique, de seize ans;
175. Le B. Michel, de treize ans;
176. Le B. Thomas, de dix ans;
177. Le B. Paul, de sept ans, ses fils;
178. Le B. Jean Imamura, japonais;
179. Le B. Paul Aibara, japonais;
180. Le B. Romain, japonais;
181. Le B. Léon, japonais;
182. Le B. Jacques Faiaxida, japonais;
183. Le B. Matthieu Alvarez, japonais;
184. Le B. Michel Iamada, japonais;
185. Le B. Laurent, son fils;

186. Le B. Louis Nisaci, japonais ;
187. Le B. François, de cinq ans ;
188. Le B. Dominique, de deux ans, ses fils ;
189. La B. Louise, âgée de 80 ans, japonaise. Tous serviteurs et du tiers-ordre de Saint-Dominique [1].

Martyre XXIX du 16 septembre 1628.

190. Le B. Michel Fimonoia ;
191. Le B. Paul Fimonoia ;
192. Le B. Dominique Xobioie. Tous trois japonais et du tiers-ordre de Saint-Dominique.

Martyre XXX du 25 décembre 1628.

193. Le B. Michel Nacaxima, de la Compagnie de Jésus, japonais.

Martyre XXXI du 28 septembre 1630.

194. Le B. Jean Cocumbuco ;
195. Le B. Mancius ;
196. Le B. Michel Kinoxi ;
197. Le B. Laurent Xixo ;

---

1. Le Père Martinez rapporte dans sa chronique que Matthieu Alvarez, Louis Nisaci, avec ses deux fils, et Jean Tomaki, avec ses quatre fils, appartenaient au tiers-ordre de Saint-François.

198. Le B. Pierre Cufioie ;
199. Le B. Thomas. Tous six japonais et du tiers-ordre de saint Augustin.

Martyre XXXII du 3 septembre 1632.

200. Le B. Barthélemy Guttierez, prêtre de l'ordre des Ermites de Saint-Augustin, mexicain;
201. Le B. Vincent Carvalho, prêtre de l'ordre des Ermites de Saint-Augustin, portugais;
202. Le B. François de Jésus, prêtre de l'ordre des Ermites de Saint-Augustin, espagnol;
203. Le B. Antoine Ixida, prêtre de la Compagnie de Jésus, japonais;
204. Le B. Jérôme de Torres, prêtre séculier japonais, du tiers-ordre de Saint-François;
205. Le B. Gabriel de la Madeleine, frère lai de l'ordre des Frères Mineurs, espagnol.

DÉCRETS DES SOUVERAINS PONTIFES

I. — *Décret du pape Innocent XI, sur la cause du martyre.*

Proposito per Emi. et Reverendiss. D. Card. Azzolinum Ponentem in S. R. Congregatione ordinaria, seu particulari ex dispensatione apostolica, Dubio : *An constet de martyrio ex parte tyranni in casu et ad effectum de quo agitur*, in causa prædictorum Servorum Dei ; eadem S. Congregatio, auditis votis Dominorum Consultorum in duabus præteritis Congregationibus habitis die 27 januarii 1685, et 30 augusti 1686 ; audito pariter R. P. Fidei Promotore in voce et in scriptis, discussoque prædicto Dubio, censuit *Constare de martyrio ex parte tyranni*;

si SS. Domino nostro placuerit. Die 25 januarii 1687.

Et facta de prædictis Sanctissimo relatione, Sanctitas Sua benigne annuit. Die 3 februarii 1687.

A Card. CYBO.
BERNARDINUS CASALIUS S. R. C. Secretarius.

II. — *Décret de N. S. P. le pape Pie IX sur le martyre matériel et formel et sur les signes.*

Præter illos sex et viginti Martyres Japonenses, quos sanctissimus Dominus noster Pius Papa IX, ad honorem Sanctæ et individuæ Trinitatis et Ecclesiæ fideique catholicæ bonum Sanctorum albo accensuit, alii permulti extant christiani nominis heroes in eodem Japoniæ imperio ob ejusdem fidei catholicæ confessionem necati ab anno millesimo sexcentesimo decimo septimo usque ad annum millesimum sexcentesimum trigesimum secundum. Horum catalogus ex tabulis processualibus depromptus quinque supra biscentum exhibet numerum. Præeunt inter eos apostolici viri fidei atque religionis magistri cum suis in catechesi tradenda ministris; dynastes nobiles regio sanguine clari : matronæ opibus florentes, teneræ virgines ; senes longævi ; adolescentes ingenui ; pueri et puellæ trium quatuorve annorum. Ex iis multi palo alligati per plures horas lento cremati sunt igne; aliqui capite mulctati ; alii fœde laniati et membratim cæsi ; non pauci in vulcanica depressi voragine, aquis sulphureis et ebullientibus diu vexati et consumpti ; plurimi frigidissima rigente hyeme in lacunæ gelu demersi mortem obierunt temporis diuturnitate acerbissimam ; nonnulli in crucem acti capite inverso ; pauci fame et ærumnis confecti teterrimo in ergastulo animam exhalarunt. Fortes ideo facti sunt in certamine, transierunt per ignem et aquam ; secti sunt ; in carceribus abundantius emarcuerunt ; Christo confixi sunt cruci, ut viveret in eis Christus ; in ore gladii mortui sunt ; sed laus Domini non recedebat ab ore eorum. In hac immani et ex Principis edicto late per Japoniam grassante persecutione tot ac tanta præbuerunt strenui fidei propugnatores invictæ fortitudinis argumenta, ut præclarissima exempla, quæ in priscis Ecclesiæ persecutionibus floruerunt, prorsus renovaverint. Eminent veluti candidati hujus exercitus duces Alphonsus Navarette, Angelus Orsuccius, Franciscus Morales, Petrus de Avila, Ricardus a Sancta Anna, Ludovicus Sotelo, Apollinaris Franco, Petrus de Zuniga, Bartholomæus Guttierez, Vincentius Carvalho, Carolus Spinula, Franciscus Pacheco, Camillus Costanzo, Hieronymus de Angelis ex illustribus Ordinibus Prædicatorum S. Dominici, Minorum S. Francisci, Eremitarum S. Augustini, et ex inclyta Societate Jesu cum aliis plurimis eorumdem sodalibus; Joachimus Firayama seu Diaz ; Thomas Xiquirò, Andreas Tocuan, Simon Quiota et Magdalena ejus uxor, Gaspard Cotenda cum Apollonia ejus matertera, Magdalena Kyota, qui erant e progenie Regum Bungensium, Arimensium, et Firandensium ; Antonius Coray, Maria ejus uxor; Joannes adolescens annorum duodecim et Petrus trium annorum puer, eorum filii; Lucia Fleites octogenaria et Dominicus Giorgi, cum uxore Elizabetha Fernandez, quæ filium suum Ignatium puerulum quadrimulum secum ad martyrium a lictoribus perductum excitavit, ut benedictionem a Carolo Spinula peteret, antequam simul obirent : mox cum hic puerulus excisum carissimæ matris caput et ante se provolutum immotus et siccis oculis conspexisset, probe intelligens se tunc interfectum iri, nudavit collum et cerviculam crudeli ferro præcidendam lictori obtulit. Hos demum ceteri sequuntur cives japonenses in martyrio socii usque ad numerum superius adnotatum.

Statim post martyrum triumphum conditi fuerunt informativi processus, quibus in Sacrorum Rituum

Congregatione discussio, ad preces Hispaniæ Regis, illustris familiæ Spinulæ, et Ordinum religiosorum Summus Pontifex Urbanus VIII, sa. me. sua signavit manu hujus causæ commissionem; et duodecimo kalendas decembris anni MDCXXVII Litteræ remissoriales expeditæ fuere ad instituendas apostolica auctoritate inquisitiones. Confectis itaque tum Maniliæ in insulis Philippinis, tum semel atque iterum Macai in Sinis processualibus tabulis, iisque ad Urbem transmissis, earumque de more probata validitate, Summi Pontificis Innocentii XI, sa. me. indultu decimotertio kalendas aprilis anni MDCLXXVII, habita est peculiaris Sacrorum Rituum Congregatio, ubi suffragatores juxta R. P. Promotoris sanctæ fidei consilium statuerunt, ut prius proponeretur Dubium quoad primam partem, scilicet : *An constaret de martyrio ex parte tyranni in casu.* Quod quidem factum est in alio peculiari ejusdem Sacrorum Rituum Congregationis Conventu octavo kal. februarias anni MDCLXXXVII collecto : Decretumque prodiit, adprobante eodem Summo Pontifice : *Constare de martyrio ex parte tyranni in casu, de quo agitur.* Inde agitandum erat Dubium in aliis comitiis quoad alteram partem, nempe : *An constaret de martyrio ex parte passorum?*

Attamen incomprehensibili divinæ Providentiæ

consilio causa hæc celeberrima, uti eam vocat Summus Pontifex Benedictus XIV sanctæ memoriæ ob varias rerum circumstantias usque ad hæc tempora siluit. Verum cum ob sex et viginti Martyrum canonizationem maxima gratiarum copia a Dei bonitate super Japoniam effluxerit, quemadmodum in suis exponunt postulatoriis epistolis Vicarii apostolici, qui regno huic et finitimis præsunt regionibus ; et spem concipiunt firmissimam uberiores divini auxilii fructus sequuturos fore, si milites Christi reliqui in gloriosam cœlitum aciem recenseantur : cumque ob casus adversos et sibi invicem succedentes calamitates, quibus angimur, præsidium a Domino multiplicato supernorum civium interventu præstolari oporteat, ne inimici nostri unquam dominentur nobis; Sanctissimus Dominus noster Pius Papa IX singulorum Ordinum Postulatorum preces benigne excipiens causam resumi concessit; et eadem servata judiciaria forma, selegit particularem Sacrorum Rituum Congregationem, quæ, accedente voto pro veritate R. P. Promotoris sanctæ Fidei, causam ipsam ad exitum perduceret. Particularis hujusmodi congregatio penes reverendissimum Cardinalem Constantinum Patrizi Episcopum Portuensem et S. Rufinæ, eidem Congregationi Præfectum, causæque Relatorem, semel atque iterum collecta est : et propositis Dubiis, scilicet primo : *An stante approbatione Martyrii ex parte tyranni, ita constet de Martyrio ex parte passorum ut procedi possit ad ulteriora?* secundo : *An et de quibus miraculis seu signis constet in casu?* Tum Patres Cardinales, tum Præsules officiales suas aperuerunt sententias.

Verumtamen Sanctissimus Dominus noster post fidelem subscripti Sacrorum Rituum Congregationis Secretarii de omnibus relationem, noluit illico Patrum Cardinalium et Præsulum officialium sententias supremo suo confirmare judicio; sed severe perpendens negotium istud maximi ponderis esse ac momenti, invocavit Spiritum sapientiæ et intellectus, ut sibi ad recte judicandum propitius adesset.

Tandem hanc designavit diem, nempe feriam III post dominicam Sexagesimæ, in qua solemnis recolitur commemoratio Passionis Domini nostri Jesu Christi, cujus calicem Martyres japonenses bibere meruerunt. Postquam igitur Sanctissimus Dominus noster incruentum obtulisset sacrificium in privato sacello apud pontificales ædes Vaticanas, ad Collegium romanum Societatis Jesu sancti Ignatii templo annexum se contulit, ubi in superiori Aula maxima solio insidens ad se accivit Reverendissimum Cardinalem Constantinum Patrizi Episcopum Portuensem et Sanctæ Rufinæ, Sacrorum Rituum Congregationi

Præfectum, causæque Relatorem, una cum R. P. Petro Minetti sanctæ Fidei Promotore et me infrascripto Secretario, iisque adstantibus, quoad primum Dubium edixit : *Ita constare de martyrio ex parte passorum, ut in casu, de quo agitur, procedi possit ad Beatificationem*; et quoad alterum Dubium : *Constare de signis IV, XII, XIII, XIV.*

Decretum hoc in vulgus edi, et in acta Sacrorum Rituum Congregationis referri mandavit, quarto kalendas martii anni MDCCCLXVII.

C. Episcopus Portuen. et S. Rufinæ Card. Patrizi, S. R. C. Præfectus.

D. Bartolini S. R. C. Secretarius.

III. — *Décret de N. S. P. le Pape Pie IX, qui déclare qu'on peut sûrement procéder à la Béatification.*

In mirabili Apocalypsis visione Joannes Evangelista vidit *subtus altare animas interfectorum propter verbum Dei*, vocemque audivit illis dicentem : *Ut requiescerent donec complerentur conservi eorum et fratres, qui interficiendi essent sicut et illi.* Magna in hac cœlitum fratrum, conservorumque turba, quam dinumerare nemo potest, sæculo decimo septimo ineunte, recensi profecto fuere quinque et ducenti Martyres, qui magnam perpessi tribulationem *laverunt stolas suas in sanguine Agni;* iisque albis amicti stolis, palmasque in manibus gestantes ex Japoniæ oris venerunt, et ante thronum Dei et in conspectu Agni constituti serviunt ei die ac nocte. Quod Joannes in visione futurum præviderat, nunc nobis factum supremo Sedis Apostolicæ magisterio innotuit. Cum enim præclarissimum japonensium Martyrum certamen penes Sacrorum Rituum Congregationem pluries ad trutinam vocatum fuisset, Summi Pontificis Ven. Innocentii XI. sa. me. Decreto sancitum est : *Constare de eorum martyrio ex parte tyranni.* Neque id satis erat quoniam duo æque graviora enucleanda remanebant Dubia, scilicet : *An constaret de martyrio ex parte passorum; itemque An et de quibus miraculis seu signis constaret, in casu*; ut egregios Japonenses pugiles inter Martyres Dei conservos jam super astra locatos suspiceremus, eorumque lipsana sub altari reponerentur. Hoc, quod diu illustres Ordines Prædicatorum, Franciscalium, Eremitarum Augustinianorum, nec non præclaræ Societatis Jesu sodales, simulque Japoniæ ac finitimarum regionum Vicarii apostolici summis exoptaverant votis, Sanctissimus Dominus noster Pius Papa IX complevit. Causam enim super hisce dubiis bis agitari voluit in peculiaribus Sacrorum Rituum Congregationis conventibus, ut ea judiciaria servaretur forma, quæ ab initio obtinuit. Sacri Ordinis hujus sententiam Sanctitas Sua ratam habens rite decrevit quarto kalendas martias vertentis anni quoad primum Dubium : *Ita constare de martyrio ex parte passorum, ut in casu, de quo agitur, procedi possit ad Beatificationem;* et quoad alterum Dubium : *Constare de signis* IV, XII, XIII, XIV.

Postquam Petrus per Pium Pontificem Maximum loquutus est, causa finita est. Attamen eadem Sanctitas Sua jussit ut juxta Summorum Pontificum Constitutiones, sacrorumque canonum sanctiones ad actorum seriem perficiendam in generalibus comitiis colligendis postremum discuteretur Dubium : *An stante Decreto ab Innocentio XI sa. me. III nonas februarias anni* MDCLXXXVII *confirmato, alioque Decreto novissime a Sanctissimo Domino Nostro Pio Papa IX quarto kalendas martias currentis anni edito, tuto procedi possit ad solemnem horum Venerabilium servorum Dei Beatificationem.* Hoc factum quidem est in comitiis idibus aprilis anni hujus apud pontificias Vaticanas ædes coram Sanctissimo Domino Nostro habitis, in quibus Reverendissimus Cardinalis Constantinus Patrizi Episcopus Portuensis et S. Rufinæ, Sacrorum Rituum Congregationi Præfectus, atque causæ Relator illud proposuit Dubium, et omnes Reverendissimi Patres Cardinales et Consultores in affirmativam ivere sententiam. At Pater Beatissimus illud effatum a Joanne Evangelista in Apocalypsis visione perceptum secum in animo considerans, *tempus adhuc modicum* expectandum censuit, ut fusis interim precibus ab Altissimo super Cherubim sedente lumen impetraret et auxilium.

Annua denique revertente solemni commemoratione sanctæ Virginis Catharinæ senensis, almæ Urbis Patronæ minus principalis atque in adversa hac temporum calamitate sospitatricis, cujus vestigia plures invictæ ex Martyribus Japonensibus fœminæ in virtutis semita calcarunt, cum Sanctitas Sua Hostiam salutarem in privato suo Vaticano sacello obtulisset, ad cœnobium contendit Eremitarum S. Augustini, cujus Institutum non pauci ex iisdem Martyribus amplexi fuerant; et in Bibliothecam nomine *Angelicam* ascendens, ibi ad se accitis Eminentissimo ac Reverendissimo Cardinale Constantino Patrizi Episcopo Portuensi et Sanctæ Rufinæ, Sacrorum Rituum Congregationi Præfecto, causæque Relatore, una cum R. P. Petro Minetti sanctæ Fidei Promotore, et me infrascripto Secretario, eisdemque adstantibus solemniter declaravit : *Tuto procedi posse ad solemnem venerabilium horum servorum Dei Beatificationem.*

Hujusmodi Decretum publici juris fieri, in acta Sacrorum Rituum Congregationis referri, Litterasque apostolicas in forma Brevis de Beatificationis solemniis in Patriarchali Basilica Vaticana quandocumque celebrandis expediri mandavit, pridie Kalendas maias anni MDCCCLXVII.

C. Episcopus Portuen. et S. Rufinæ Card. Patrizi, S. R. C. Præfectus.

D. Bartolini S. R. C. Secretarius.

IV. — BREF DE LA BÉATIFICATION

Pius PP. IX, Ad perpetuam rei memoriam.

Martyrum rigata sanguine vel ab ipsis suis primordiis Ecclesia exhibere postea nunquam destitit miranda exempla fortitudinis; quippe dum ad labefactandam Christi militum firmitatem nova excogitarent tyranni suppliciorum genera, auxerunt ad sempiternum Ecclesiæ decus fortissimorum heroum coronas et palmas. Id porro non sine providentissimo Dei concilio factum est; nimirum ut manifeste constaret durissimo certamini e cœlis adfuisse auctorem fidei nostræ Christum Jesum, qui, ut scripsit S. Cyprianus « prœliatores, et assertores sui nominis in acie confirmavit, erexit; qui pugnavit et vicit in servis suis. »

Jamvero ab anno millesimo sexcentissimo decimo septimo usque ad annum millesimum sexcentesimum trigesimum secundum ferax Martyrum Japonia fuit, excitato dirissimæ insectationis turbine adversus Christi religionem, quæ feliciter illuc fuerat per Evangelii præcones invecta. Etenim posteaquam Taicosama Japoniæ Imperator inaudito quodam furore exarsit ad exstinguendum ibi penitus christianum nomen, atque anno millesimo quingentesimo nonagesimo septimo viginti sex strenuos veræ fidei defensores crucis supplicio interemisset, ejus in imperio successores tantam immanitatem, furoremque nedum æmulati sunt, sed longe etiam superarunt. Edita quippe lex fuit ne quis Christianos, ac præsertim Sacerdotes juvaret, exciperet; secus exilio, proscriptione bonorum, atque ipsa pœna capitis mulctaretur; cruces, aræ, templa, et quælibet religionis sanctissimæ monumenta præconis voce disjecta passim, ac deleta; ad tentandam vero Christianorum in fide constantiam exquisitissima quæque tormenta adhibita, quæ meminisse animus, necdum enarrare reformidat. Aliis enim in crucem actis transverberatum ferro latus fuit, alii inverso capite cruci adfixi, plures fœdissime dilaniati, ac membratim cæsi, plerique lento igne combusti, non pauci sulphureis, vel gelidis demersi aquis mortem obierunt pœnarum diuturnitate acerbissimam, alii denique fame, siti, verberibus, et squalore carceris afflicti, enecti mortalem hanc vitam cum immortali ac beata commutarunt.

Tantam vero suppliciorum atrocitatem animo sic erecto atque alacri perpessi sunt, ut priscorum Ecclesiæ martyrum robur, ac firmitatem plane retulerint. « Steterunt scilicet, ut S. Cypriani verbis utamur, torquentibus fortiores, et sævissima diu plaga repetita inexpugnabilem fidem expugnare non potuit. » Neque sacerdotes dumtaxat, et evangelicæ doctrinæ præcones animosi, ac firmi in agone manserunt, sed utriusque sexus, et cujusque conditionis, ætatis homines, scilicet dynastæ spectatissimi, et regio prognati sanguine viri, matronæ nobiles, teneræ virgines, confecti ætate senes, adolescentes, et pueri ac puellæ quatuor etiam annorum, sic ut tam inaudita virtus, animique constantia referri prorsus accepta debeat gratiæ cœlestis auxilio.

» Mille et amplius recensentur, qui in diuturno illo plurium annorum certamine christianam fidem fuso sanguine confirmarunt, sed tamen de omnibus inquiri minime potuit auctoritate apostolica. Etenim sæviente in christifideles tanto furoris æstu, Matriti solum in Hispania, Maniliæ in Insulis Philippinis, et Macai in Sinis inquisitionis tabulæ confectæ sunt. Nihilominus plerique idonei testes de more rogati ea protulerunt, ex quibus martyrii veritas biscentum et quinque heroum liquido constet. In hoc glorioso martyrum agmine plures partim sacerdotes, partim laici spectant ad religiosum Ordinem Fratrum Prædicatorum S. Dominici, interque eos eminent Alphonsus Navarrete, Aloisius Flores, Angelus Orsucci, Franciscus de Morales, Alphonsus de Mena, Dominicus Castellet : non paucos suos esse gloriatur religiosus Ordo Fratrum Minorum S. Francisci, quos inter illustriores sunt Petrus ab Assumptione, Petrus de Avila, Riccardus a S. Anna, Apollinaris Franco, Franciscus a S. Maria, Antonius a S. Bonaventura; plerosque ad se pertinere gaudet religiosus Ordo Eremitarum S. Augustini, magisque conspicui inter eos sunt Ferdinandus a S. Josepho, Petrus de Zuniga, Bartholomæus Guttierez, Vincentius Carvalho; tandem suorum etiam martyrum palmis decorata est Societas Jesu, atque in eis præstant Carolus Spinula, Franciscus Pacheco, Camillus Costanzo, Paulus Navarro, Hieronymus de Angelis et Michael Carvalho. Sequuntur sæculares homines in martyrio socii, Andreas Tocuan, Simon Quiota, et Magdalena ejus uxor, Gaspar Cotenda cum Apollonia ejus matertera, et Magdalena Kyota, qui ortum ducebant ab stirpe Regum Bungensium, Arimensium, et Firandensium, Antonius Coray, ejusque conjux Maria, Joannes adolescens annorum duodecim, et Petrus trium annorum puer, illorum filii; Lucia Fleites octogenaria, et Dominicus Giorgi cum uxore Elisabetha Fernandez, et Ignatio filio puerulo annorum quatuor ad martyrii locum a lictoribus perducto, de quo puero illud in actis legitur prodigio simile, quod cum immotus, nullumque ejulatum edens revulsum matris caput conspexisset, perinde ac parenti suæ in fidei confessione sociari gestiret, eadem, qua parens, alacritate, circumfusa obstupescente multitudine, cerviculam lictori præcidendam obtulerit. Reliquorum autem martyrum nomina adjectus hisce Litteris catalogus exhibebit.

Post pretiosam in conspectu Domini justorum mortem « quæ, ut idem S. Cyprianus scripsit, emit immortalitatem pretio sanguinis, et accepit coronam de consummatione virtutis, » statim cœpta sunt exarari acta ad causæ cognitionem necessaria, iisque in Congregatione Cardinalium Sacris Ritibus præpositorum accurate perpensis, ad preces Hispaniæ Regis, et quatuor Ordinum Religiosorum, quos supra memoravimus, fel. me. Urbanus VIII Præcessor Noster Litteras manu sua signavit, quibus inquisitio committeretur apostolica auctoritate instituenda.

Proinde tum Maniliæ in insulis Philippinis, tum semel atque iterum Macai in Sinis legitimæ inquisitionis confectis tabulis, iisque ad Urbem transmissis, ex concessione Innocentii XI Præcessoris Nostri decimo tertio kal. aprilis anno millesimo sexcentesimo septuagesimo septimo habita est peculiaris sacrorum Rituum Congregatio in qua statutum fuit, ut primum quæstio poneretur « An constaret de martyrio ex parte tyranni » eademque agitata quæstio est in alio ejusdem peculiaris Congregationis conventu octavo kal. februarii anni millesimi sexcentesimi octogesimi septimi, ac decretum prodiit ab eodem Prædecessore Nostro approbatum « Constare scilicet, de martyrio ex parte tyranni, in casu de quo agitur. » Altera exinde quæstio agitanda supererat « An constaret de martyrio ex parte passorum. » Quæ tamen quæstio ratione temporum, aliisque rerum adjunctis ad hæc usque tempora intermissa mansit. Atque id opportune admodum dixerimus contigisse, scilicet, ut quum ætate hac nostra rei sacræ et publicæ luctuosa a perditis hominibus catholica religio vehementius ac perfidius oppugnetur, tam insigni proposita christianorum heroum de tyranno victoria, novo tanquam gravique argumento religionis sanctissimæ probetur divinitas, deque tantæ virtutis portento jure lætatur ac triumphet Ecclesia.

Deinde ut clementissimus Deus regiones illas respiciens perfusas olim innocuo fidelium sanguine, obseptum tot annos illuc aditum Evangelii præconibus recludat, ad miseras gentes salutari doctrina recreandas. Hæc Nos animo reputantes, ac permoti precibus Ordinum Prædictorum, et Vicariorum apostolicorum regionum Japoniæ finitimarum, concessimus, ut hujusmodi causæ intermissa cognitio rursus institueretur, servataque priori judicii forma peculiarem Congregationem selegimus Cardinalium sacris ritibus præpositorum, quæ causam illam post accuratam disceptationem ad exitum perduceret. Quapropter proposita duplex quæstio fuit « An stante approbatione martyrii ex parte tyranni ita constet de martyrio ex parte passorum, ut procedi possit ad ulteriora. » Deinde « An et de quibus miraculis seu signis constet in casu. » De utraque hac quæstione diligenter est disputatum, ac tum Cardinales, tum adstantes ex officio Præsules sententiam suam dixerunt ; illam tamen confirmare supremo Nostro judicio distulimus, donec Patrem luminum impense precati essemus, ut in re tanti momenti mentem Nostram lucis suæ radiis illustraret. Tandem feria tertia post Dominicam Sexagesimæ, in qua memoria recolitur cruciatuum, quos pro salute nostra passus est humani generis vindex Christus Dominus, Decretum vulgari jussimus in hac verba : primum « Ita constare de martyrio ex parte passorum, ut in casu, de quo agitur, procedi possit ad Beatificationem » ; secundo « Constare de signis quarto, decimo secundo, decimo tertio, decimo quarto. »

Illud supererat, ut Cardinales sacris ritibus præpositi de more interrogarentur, num censerent tuto procedi posse ad Venerabiles Dei famulos Beatorum Ordini adcensendos; qui quum idibus aprilis currentis anni apud Nos convenissent, de Consultorum etiam suffragio affirmativam sententiam protulerunt. Nos porro priusquam mentem Nostram panderemus, expectare adhuc voluimus, ad precandum bonorum omnium auctorem Deum, ut nobis in re gravissima volens propitius adesset; ac denique die sacra S. Catharinæ Senensi Patronæ secundariæ Almæ Urbis, palam eidiximus « Tuto procedi posse ad solemnem horum Venerabilium servorum Dei Beatificationem. »

Nos igitur ad preces quatuor Ordinum Religiosorum quos supra memoravimus, necnon Vicariorum apostolicorum, qui Christiano gregi advigilant in regionibus Japoniæ finitimis, de consilio Venerabilium Fratrum Sanctæ Romanæ Ecclesiæ Cardinalium legitimis ritibus præpositorum, auctoritate apostolica per has Litteras facultatem facimus, ut Venerabiles Dei Famuli, Alphonsus Navarrete, Aloisius Flores, Angelus Orsucci Ordinis Prædicatorum; Petrus de Avila, Petrus ab Assumptione, et Riccardus a S. Anna Ordinis Minorum S. Francisci; Petrus de Zuniga, Ferdinandus a S. Josepho, Bartholomæus Guttierez Ordinis Eremitarum S. Augustini; Carolus Spinula; Franciscus Pacheco Societatis Jesu; Joachimus Firayama seu Diaz, Lucia Fleites, aliique in martyrio socii, tam religiosi Fratres ex memoratis Ordinibus, quam etiam sæculares, Beati nomine in posterum appellentur, eorumque corpora et lipsana, seu reliquiæ, solemnibus supplicationibus exceptis, publicæ fidelium venerationi proponantur. Insuper eadem auctoritate Nostra concedimus, ut de illis recitetur quotannis die indicenda officium et missa de communi plurimorum Martyrum, juxta rubricas Missalis et Breviarii Romani. Ejusdem vero officii recitationem fieri concedimus in domibus ac templis quatuor Religiosorum Ordinum supradictorum ab omnibus christifidelibus tam sæcularibus, quam regularibus, qui horas canonicas recitare teneantur; et quod ad Missas attinet etiam sacerdotibus, qui rem divinam facient in sacris templis, in quibus Beatorum festum celebretur. Denique concedimus, ut anno ab hisce Litteris datis primo solemnia Beatificationis Venerabilium Dei Famulorum in Ecclesiis dictorum Ordinum peragantur cum Officio, et Missis

Duplicis Majoris ritus, idque fieri mandamus die ab Ordinariis sacris Præsidibus indicendo, et posteaquam eadem solemnia in Vaticana Nostra Basilica fuerint celebrata. Non obstantibus Constitutionibus Apostolicis, necnon Decretis de non cultu editis, ceterisque contrariis quibuscumque. Volumus autem ut harum Litterarum exemplis etiam impressis, dummodo manu Secretarii dictæ Congregationis subscripta, et Præfecti sigillo munita sint, eadem prorsus in disceptationibus etiam judicialibus fides habeatur, quæ Nostræ voluntatis significationi, hisce Litteris ostensis, haberetur. Datum Romæ apud S. Petrum sub annulo Piscatoris die VII maii anno MDCCCLXVII, pontificatus nostri anno vigesimo-primo.

N. Card. PARACCIANI CLARELLI.

TABLE DES MATIÈRES

Avant-propos...	v
I. Persécutions contre la religion chrétienne au Japon. Atrocité des tourments et grand nombre des martyrs..	1
II. Martyre du B. Pierre de l'Assomption, prêtre de l'ordre des Frères Mineurs, et du B. Jean-Baptiste Machado de Tavora, prêtre de la Compagnie de Jésus.................................	8
III. Le B. Alphonse Navarette, prêtre de l'ordre des Frères Prêcheurs. Le B. Ferdinand de Saint-Joseph, prêtre des ermites de Saint-Augustin. Le B. Léon Tanaca, catéchiste des Pères de la Compagnie de Jésus..........................	14
IV. Les BB. Gaspard Fisogiro et André Gioxinda, japonais, décapités............................	23
V. Le B. Jean de Sainte-Marthe, prêtre de l'ordre des Frères Mineurs, décapité à Meaco...........	25
VI. Mort du B. Jean de Saint-Dominique, prêtre de l'ordre des Frères Prêcheurs, dans la prison de Suzuta..	27
VII. Cinq martyrs brûlés vifs à Nangasaki...........	30
VIII. Onze martyrs décapités à Nangasaki...........	38
IX. Le B. Ambroise Fernandez, de la Compagnie de Jésus, mort dans sa prison.....................	41
X. Le B. Mathias d'Arima, catéchiste des Pères de la Compagnie de Jésus, mort dans les supplices à Nangasaki..	47
XI. Cinq chrétiens crucifiés à Cocura, dans le royaume de Bugen..	51
XII. Le B. Augustin Ota, de la Compagnie de Jésus...	5

TABLE DES MATIÈRES

XIII. Trois martyrs brûlés vifs et douze autres décapités à Nangasaki..................... 56
XIV. Le grand martyre. Vingt-deux confesseurs de Jésus-Christ brûlés vifs et trente autres décapités. 64
XV. Le B. Gaspard Cotenda, catéchiste des Pères de la Compagnie de Jésus, et deux enfants décapités à Nangasaki..................... 102
XVI. Trois religieux de Saint-Dominique, et trois autres de Saint-François, brûlés vifs à Omura........ 105
XVII. Mort merveilleuse du bienheureux Camille Costanzo, prêtre de la Compagnie de Jésus, brûlé vif à Firando..................... 109
XVIII. Un confesseur de la foi brûlé vif et trois autres décapités à Nangasaki..................... 121
XIX. Le B. Pierre Paul Navarro, prêtre de la Compagnie de Jésus, brûlé vif avec trois autres à Ximabara.. 124
XX. Le B. François Galvez, prêtre de l'ordre des Frères Mineurs, et le bienheureux Jérôme de Angelis, prêtre de la Compagnie de Jésus, brûlés vifs à Iendo, avec le B. Simon Iempo............ 134
XXI. Mort cruelle du B. Jacques Carvalho, prêtre de la Compagnie de Jésus, gelé dans l'eau......... 142
XXII. Cinq religieux de divers ordres brûlés vifs à Ximabara..................... 147
XXIII. Caius, coréen, catéchiste des Pères de la Compagnie de Jésus, brûlé vif à Nangasaki......... 158
XXIV. Le B. François Pacheco, prêtre, et huit autres religieux, tous de la Compagnie de Jésus, brûlés vifs à Nangasaki..................... 161
XXV. Huit hôtes des BB. Pères Pacheco, Zola et de Torres, tourmentés de diverses manières et mis à mort à Nangasaki. Fait merveilleux de l'un d'eux. Mort de Mancius Araki dans la prison.. 176
XXVI. Le B. Louis Bertran, prêtre, avec deux Frères lais, de l'ordre des Frères Prêcheurs, brûlés vifs à Omura..................... 181
XXVII. Sept chrétiens brûlés vifs et huit décapités à Nangasaki..................... 183

XXVIII. Le B. Thomas Tzugi, prêtre de la Compagnie de Jésus, avec deux autres séculiers, brûlés vifs à Nangasaki................................... 185
XXIX. Douze confesseurs de la foi brûlés vifs, et dix décapités à Nangasaki........................... 189
XXX. Trois tertiaires de Saint-Dominique décapités à Nangasaki.................................. 193
XXXI. Michel Nacaxima, de la Compagnie de Jésus, mort dans de nouveaux et horribles tourments. 195
XXXII. Grand nombre de martyrs en quatre années. Six Japonais du tiers-ordre de Saint-Augustin, décapités.. 202
XXXIII. Trois Pères de Saint-Augustin, un de la Compagnie de Jésus avec un Frère lai de Saint-François et un prêtre séculier du tiers-ordre, tourmentés par les eaux bouillantes et sulfureuses du mont Ungen et brûlés vifs à Nangasaki..... 203
XXXIV. Condition des deux cent cinq martyrs. Destruction de la chrétienté du Japon. Espérances pour l'avenir....................................... 220
XXXV. Prodiges par lesquels Dieu a glorifié les bienheureux martyrs à diverses époques............... 225
XXXVI. Actes de la béatification........................ 230
Catalogue des 205 martyrs, selon l'ordre de leur martyre...................................... 241
Décrets des souverains pontifes................ 257
I. Décret du pape Innocent XI sur la cause du martyre.. 257
II. Décret de N. S. P. le Pape Pie IX sur le martyre matériel et formel et sur les signes......... 258
III. Décret de N. S. P. le Pape Pie IX, qui déclare qu'on peut sûrement procéder à la béatification... 264
IV. Bref de la béatification....................... 268

Imp. L. Toinon et Cᵉ, à Saint-Germain.

MÊME LIBRAIRIE

LA FEMME D'APRÈS SAINT JÉROME, par Raoul de Navery. 1 vol. gr. in-18 jésus.................... 1 "

HISTOIRE DE LA COMPAGNIE DE JÉSUS, par M. Daurignac. 2 vol. gr. in-18 jésus.................... 1 50

HISTOIRE DE SAINTE RADEGONDE, par M. le vicomte de Bussières, 2ᵉ édition. 1 vol. gr. in-18 jésus........ 1 "

VIE DU R. P. CHOME, de la Compagnie de Jésus, missionnaire au Paraguay. 1 vol. grand in-18 jésus...... " 45

LES MAXIMES DE SAINT IGNACE, fondateur de la Compagnie de Jésus, avec les *Sentiments de saint François-Xavier*, de la même Compagnie. Un charmant petit volume in-48 de luxe, avec encadrements...................... 1 "

Pour paraître fin décembre 1867.

NOUVELLES MÉDITATIONS PRATIQUES, pour tous les jours de l'année, sur la *Vie de N.-S. Jésus-Christ*, à l'usage des *Communautés religieuses*, par Un Père de la Compagnie de Jésus; 2ᵉ édition, revue, corrigée et complétée. 2 forts vol. grand in-18 jésus de plus de 600 pp. chaque.. 6

Imprimerie L. Toinon et Cᵉ, à Saint-Germain.

www.ingramcontent.com/pod-product-compliance
Lightning Source LLC
Chambersburg PA
CBHW070756170426
43200CB00007B/807